मनोबल की शक्ति

(The Power of Mental Strength)

मनोबल की शक्ति

(The Power of Mental Strength)

मनोबल की शक्ति

राज ऋषि शर्मा

राजर्षि प्रकाशन
नागवनी रोड, जम्मू

राजर्षि प्रकाशन

नागवनी रोड, जम्मू

पहला संस्करण, 2024
कीमत: रु.199.00

राज ऋषि शर्मा

प्रस्तावना

मनोबल की शक्ति व्यक्ति के मानसिक स्वास्थ्य और समस्याओं का सही सामना करने में उसकी सहायता करती है। यह उसकी मानसिक स्थिति और आत्मविश्वास की मात्रा को दर्शाती है। इसके साथ ही उसकी संघर्ष करने की क्षमता और उसके सकारात्मक दृष्टिकोण की ओर संकेत करती है। यह उसको सकारात्मक सोच और सतत प्रयास की ओर भी बढ़ने के लिए प्रेरित करती है।

मनोबल एक ऐसी शक्ति है, जो हमें जीवन की सभी चुनौतियों का सामना करने में हमारी सहायता करती है और हमें एक सफल और प्रेरणादायक जीवन जीने की दिशा में हमारा मार्गदर्शन करती है।

इस पुस्तक में विभिन्न श्रेणियों के माध्यम से इस बात को समझाने का प्रयास किया गया है कि किस प्रकार के गुण मनुष्य को शक्तिशाली मनोबल को समझने इसे विकसित और इसे प्राप्त करने में उसकी उपयुक्त सहायता कर सकते है। किस प्रकार मनुष्य अपनी इस अद्वितीय शक्ति को प्राप्त कर इस से लाभान्वित हो सकता है।

विषय के आरम्भ में स्वयं-मूल्यांकन के माध्यम से इस बात पर प्रकाश डाला गया है कि हमें अपनी क्षमताओं और कमजोरियों का किस प्रकार मूल्यांकन करने का प्रयास करना चाहिए, जिससे कि अपने आत्मविश्वास को बढ़ाया जा सके और अपनी स्थिति को सही दिशा में प्रेरित किया जा सके।

मानसिक स्वास्थ्य की महत्वपूर्णता से हमें इस बात का ज्ञान होता है कि कैसे ध्यान, योग और सकारात्मक विचारधारा से हम अपने मानसिक

स्वास्थ्य को बनाए रख सकते हैं।

जीवन में किस प्रकार का सोच व्यवहार व कार्य हमें अपार ऊर्जा और साहस प्रदान करते हैं। इससे हमारे मनोबल की शक्ति बनती है, जिससे स्पष्ट होता है कि किस प्रकार सकारात्मक दृष्टिकोण और क्रियात्मकता का अद्भुत प्रभाव हमारे चरित्र और मनोबल पर पड़ता है और हम जीवन में प्रगति के मार्ग की ओर अग्रसर होते हैं।

इस सब के लिए आवश्यक एवं विचारणीय है मनुष्य में उसके मनोबल की शक्ति का विकास। मनोबल की शक्ति के विकास से ही उसे इसके उच्चतम स्तर पर ले जाया जा सकता है और हम अपने लक्ष्यों की प्राप्ति करने में सफल हो सकते हैं।

हमारे मनोबल की शक्ति ही हमें सकारात्मक दृष्टिकोण और ऊर्जा से भर देती है। जिससे प्रचुर मात्रा में मनुष्य के मनोबल में बढ़ोतरी होती है। किन्तु इसके लिए मनुष्य के मानसिक स्वास्थ्य का और उसके दूसरे के साथ सकारात्मक संबंधों का होना भी बहुत आवश्यक है। इससे ही उसे पर्याप्त मात्रा में ऊर्जा प्राप्त होती है, जिसका अद्भुत प्रभाव उसके चरित्र और मनोबल पर पड़ता है।

इसके साथ ही मनुष्य के लिए शक्ति का अभ्यास भी बहुत आवश्यक है, जो हमें इसकी महत्वपूर्णता को समझाता है और बताता है कि नियमित शक्ति के अभ्यास से कैसे हमारे मनोबल में सुधार हो सकता है। मनुष्य के कौन-कौन से गुण उसे शक्तिशाली मनोबल प्रदान करते हैं और जीवन में कैसे लक्ष्य निर्धारित किए जा सकते हैं और कैसे उन्हें पूरा किया जा सकता है।

संक्षेप में देखा जाए तो मनोबल की शक्ति वास्तव में ही एक अद्वितीय और अद्भुत साधना है, जो हमें अपने जीवन के हर पहलू में दृढ़ता पूर्वक आगे बढ़ने के लिए सफलता और प्रगाढ़ता की दिशा में प्रोत्साहित एवं अग्रसर

करती है और परिस्थितियों के अनुसार हमारा मार्गदर्शन कर सकती है। मनुष्य के जीवन में हर क्षेत्र में इसका अपना विशेष महत्व है।

-राज ऋषि शर्मा

अनुक्रमणिका

1.परिचय
2.स्वयं-मूल्यांकन
3.मनोबल की शक्ति
4.सकारात्मक मानसिकता
5.शक्ति के अभ्यास
6.मानसिक स्वास्थ्य की पालना
7.सकारात्मक सम्बन्ध
8.मनोबल की शक्ति का विकास
9.स्वतंत्रता से विचारशीलता
10.सहानुभूति और समर्पण
11.समस्याओं का सामना करना
12.सामाजिक संबंध और मनोबल
13.स्वयं-नियंत्रण और आत्म-निगरानी
14.कल्पना शक्ति और मनोबल की शक्ति
15.स्वास्थ्य और ध्यान
16.संतुलित जीवनशैली
17.समाधान आत्मिक सोच
18.समर्पण और अभिनय
19.सामूहिक सामर्थ्य
20.शक्ति का साधार
21.लक्ष्य-निर्धारण
22.मनोबल की महत्वपूर्ण गुणवत्ताएं
23.संघर्ष-सामर्थ्य
24.सकारात्मक प्रभाव
25.रोचक उदाहरण
26.मनोहर संकेतक
27.पूर्वावलोकन
28.संक्षेप में मनोबल की शक्ति

पुस्तक परिचय

'मनोबल की शक्ति' आधुनिक समय में आत्म-समर्थन और सफलता के महत्व पर एक अद्वितीय प्रकाश डालती है और हमें आत्ममंथन का अवसर प्रदान करती है। इसी संदर्भ में पुस्तक के विभिन्न श्रेणियों के माध्यम से इस विषय की गहन विवेचना और इस पर मननोचित विश्लेषण किया गया है। यह शक्ति हमारे लिए हमारे मानसिक स्वास्थ्य और व्यक्तित्व विकास के लिए एक स्पष्ट मार्गदर्शन प्रदान करती है।

पुस्तक का समापन इसके व्यापक अध्ययन के पश्चात पुनरावलोकन के साथ होता है, जिससे पाठकों को आत्मनिरीक्षण और निरंतर अभ्यास करने के साथ-साथ ही अपने मनोबल को निरंतर दृढ़ बनाए रखने के लिए विभिन्न चरणों का पुनः स्मरण किया जाता है। इस पुस्तक में निहित भावार्थ एक अच्छे जीवन यापन करने के उद्देश्य हेतु सफलता की दिशा में पाठकों को मार्गदर्शन प्रदान करती है, जिससे पाठक अपने ऐच्छिक लक्ष्य की प्राप्ति में सफल हो सकते हैं।

'मनोबल की शक्ति' एक आदर्श पुस्तक है जो प्रेरणा और सफलता की राहों को प्रशिक्षित करने के लिए एक सूचना-आयुक्त प्रणाली के रूप में कार्य करती है। इसके माध्यम से, पाठक अपने आत्मविश्वास, सकारात्मक सोच और स्वस्थ जीवन यापन की दिशा में कदम बढ़ा सकते हैं और लाभान्वित हो सकते हैं, जिससे वह निरंतर अपने जीवन पथ पर आगे बढ़ते हुए अपने लक्ष्यों की प्राप्ति में सफल हो सकें।

–प्रकाशक

परिचय

विक्रमार्क धुन का पक्का था। उसने अपनी हठ ना छोड़ी और पुन: पेड़ के पास चला आया। नित्य की भांति उसने पेड़ पर से शव को उतारा और कंधे पर डाल कर अपने मार्ग पर चल पड़ा। तब शव के अंदर छिपे वेताल ने पुन: उससे कहना आरम्भ किया, 'राजन, यह जानने का मैंने बहुत प्रयास किया कि तुम्हारा लक्ष्य क्या है और किस उद्देश्य की पूर्ति के लिए तुम इतना कठोर परिश्रम कर रहे हो। इसी प्रकार कुछ लोग अपने मनोबल का ह्रास कर लेते हैं और अपने परिश्रम के फल के समीप आकर भी उसे प्राप्त करने से वंचित रह जाते हैं। इसलिए तुम्हारा मनोबल बनाए रखने के लिए मैं उदाहरण सहित तुमसे कुछ बातें बता रहा हूं। उन्हें ध्यान से सुनो।"

'मनोबल' एक शब्द है जिसका अर्थ होता है, मन का बल या मानसिक बल। यह व्यक्ति की आंतरिक मानसिक शक्ति और आत्मविश्वास का पर्याय होता है। मनुष्य के पास दो प्रकार के बल होते हैं-शारीरिक बल और मानसिक बल। शारीरिक बल की एक सीमा होती है, किन्तु मानसिक बल की कोई सीमा नहीं होती, इसलिए इसे 'मनोबल' कहा जाता है अर्थात मन का बल, मन की शक्ति। मानसिक बल मन की असीमितता को दर्शाता है, जो अनंत दिशाओं की यात्रा कर सकता है और किसी भी सीमा में बांधा नहीं जा सकता।

मनोबल हमारे मानसिक स्वास्थ्य और जीवन में महत्वपूर्ण भूमिका निभाता है। यह विशेष रूप से हमारी मानसिक स्थिति, सोचने की क्षमता, आत्मसंयम और समस्याओं के साथ सामना करने की क्षमता में प्रकट होता

है। मनोबल की शक्ति हमारे जीवन में सफलता प्राप्त करने और सभी प्रकार की मुश्किलों का सामना करने के लिए महत्वपूर्ण होती है। पुस्तकाकार में हमारी यह विवेचना मनोबल की शक्ति की पृष्ठभूमि, इसके महत्व और इसे बढ़ाने के उपायों को समझाने का प्रयास करती है।

इस विषय में अलेक्जेंडर एच. लीटन का कहना है, 'मनोबल लोगों के एक समूह की एक सामान्य उद्देश्य की प्राप्ति के लिए निरंतर साथ आने की क्षमता होती है।' सेना में मनोबल अत्यंत महत्वपूर्ण होता है, क्योंकि यह इसके सामंजस्य में पर्याप्त सुधार करता है, जिससे अच्छे मनोबल के साथ किसी भी बल के हार मानने या आत्मसमर्पण करने की संभावना भी कम होती है।

'मनोबल की शक्ति' एक ऐसी व्यक्तिगत और आत्मिक ताकत होती है, जो व्यक्ति को जीवन में सामना करने की क्षमता प्रदान करती है। यह एक व्यक्ति की मानसिक स्थिति और उसकी भावनाओं को संदर्भित करती है, जिससे उसे सभी परिस्थितियों में साहसपूर्वक और सकारात्मक रूप से कार्य करने की क्षमता प्राप्त होती है।

यह शक्ति व्यक्ति को उन चुनौतियों और संघर्षों के साथ सामना करने की क्षमता प्रदान करती है जो कभी भी उसके जीवन में आ सकती हैं। यह उसकी स्वास्थ्य, अध्ययन, व्यावसायिक जीवन और सामाजिक संबंधों को प्रभावित कर सकती है। यहाँ मनोबल से तात्पर्य एक ऊँचे स्तर की सकारात्मक ऊर्जा और स्थिति से भी है, जिससे व्यक्ति अपने लक्ष्यों की प्राप्ति में सफलता प्राप्त कर सकता है।

इसमें मनुष्य के स्वास्थ्य, मानसिक और आत्मिक गुण होते हैं, जो सामंजस्य, सहानुभूति और सकारात्मक दृष्टिकोण के साथ जीवन के विभिन्न पहलुओं का सामना करने में उसकी सहायता करते हैं।

इस विषय के माध्यम से हम मानसिक स्वास्थ्य के महत्व को गहराई से

समझेंगे, मानसिक स्वास्थ्य के प्रमुख पहलुओं पर ध्यान देंगे और अपने मनोबल को बढ़ाने और सफल जीवन की ओर एक कदम आगे बढ़ाने के लिए उपयुक्त उपायों का परिचय प्राप्त करेंगे। इसका उद्देश्य है हमारे मनोबल की शक्ति के महत्व को समझा जाए, उसे विकसित किया जाए और अपने जीवन में सफलता प्राप्त करने के लिए उसका सही उपयोग किया जाए।

इस विषय में एक छोटा सा वृत्तांत है, एक बार की बात है कि एक छोटे से गांव में एक युवक रहता था, जिसका नाम आदित्य था। आदित्य निर्धन परिवार से था, किन्तु उसमें अद्भुत मनोबल था। उसका एक सपना था कि वह एक दिन अपनी योग्यता से अपना और अपने गांव का नाम उज्जवल करेगा।

आदित्य का मनोबल उसे, उसके सपनों को पूरा करने के लिए उत्साहित करता रहता था। वह सब के साथ अच्छा व्यवहार करता और सदैव नेक कार्य करता था। वह गांव के बच्चों को पढ़ाई में सहायता करता और समय-समय पर उन्हें प्रेरक कथा कहानियां सुनाया करता था, जिससे उनके मनोबल में पर्याप्त वृद्धि होती। उसकी दी जा रही प्रेरणा से गांव के बच्चे बहुत उत्साहित थे और अपने लक्ष्यों की प्राप्ति की दिशा में अपने कदम बढ़ा रहे थे।

एक बार उस, गांव में एक बहुत बड़ा मेला लगा, जिसमें गांव वाले अपनी कला और प्रतिभा को प्रदर्शित करने का अवसर प्राप्त कर सकते थे। आदित्य ने भी इस अवसर का लाभ उठाने की सोची। तब आदित्य ने बहुत सोच-विचार कर इस अवसर का बहुत अच्छी तरह से प्रयोग करने और एक दृढ़ निश्चय के साथ अपनी प्रतिभा दिखाने का निर्णय लिया।

उसने बहुत सोच विचार करने के पश्चात गाँव के लिए एक नृत्य का कार्यक्रम प्रस्तुत किया, जो लोगों को आश्चर्यचकित कर देने वाला था। उसका उत्साह और मनोबल देखकर सभी लोग आश्चर्यचकित से होकर रह गए थे कि इतनी कम आय और कमजोर पारिवारिक स्थिति के उपरांत भी

यह युवक इतना उच्च स्तर का प्रदर्शन कैसे कर सकने में सफल हो सका।

आदित्य के इस प्रदर्शन ने उसे बहुत सारे लोगों से प्रशंसा प्राप्त करने का अवसर दिया। उसे उसके अपने गांव वासियों के साथ ही गांव के बाहर के बहुत सारे लोगों से भी प्रशंसा मिली। उसकी योग्यता से प्रभावित होकर उसे एक स्थानीय रंगमंच संस्था द्वारा विशेष पुरस्कार प्रदान कर सम्मानित करते हुए उत्साहित किया गया।

इस सफलता ने आदित्य के मनोबल को और भी बढ़ा दिया। उसने अपने सपनों की पूर्ति के लिए और भी अधिक परिश्रम और संघर्ष करने का निर्णय लिया। उसने अपने देश के अतिरिक्त विदेश में भी नृत्य क्षेत्र में अपना भविष्य बनाने का सपना देखा और इसके लिए उसने अपने मार्ग में आने वाली हर प्रकार की कठिनाइयों का सामना करने का निश्चय किया।

आदित्य के इस कड़े परिश्रम और उसके दृढ़ निश्चय ने उसे दुनिया में उच्च स्तर पर सफलता प्राप्त करने में और अपने सपनों को पूरा करने में उसकी सहायता की, जिससे उसने अपने परिश्रम और संघर्ष से दुनिया भर में अपने मान सम्मान के साथ ही अपने गाँव और देश का नाम भी उज्जवल किया। यह सब उसके दृढ़ मनोबल से ही था। यह मनोबल का बहुत बड़ा उदाहरण था।

स्वयं-मूल्यांकन

मनोबल की शक्ति में व्यक्ति को अपनी क्षमताओं और स्वाभाविक गुणों का सही रूप से मूल्यांकन करना होता है। एक व्यक्ति का स्वयं-मूल्यांकन उसके स्वभाव, क्षमताएं और सीमाएं निर्धारित करने में उसकी सहायता करता है। यह व्यक्ति को अपनी शक्तियों को समझने और सुधारने का अवसर देता है। यह व्यक्ति को उसका आत्मविश्वास देने में उसकी सहायता करता है और उसे इसकी संभावना को समझने का अवसर प्रदान करता है।

'स्वयं मूल्यांकन एक महत्वपूर्ण प्रक्रिया है जो व्यक्ति को अपने आत्म-मूल्य को अच्छी तरह से समझने और इसके मूल्यांकन करने का साधन प्रदान करती है। यह एक आत्म-समर्पित और स्वज्ञान की प्रक्रिया है जो व्यक्ति को उसके स्वास्थ्य, समर्थन, सामाजिक संबंध और कार्य में सुधार लाने के लिए उसका मार्गदर्शन करती है।

सर्वप्रथम तो, स्वयं मूल्यांकन का अर्थ है कि व्यक्ति को अपने आत्म-मूल्य को समझने के लिए समर्थ बनना चाहिए। यह व्यक्ति को उसके सकारात्मक गुणों, योग्यताओं और क्षमताओं को पहचानने की अनुमति प्रदान करता है, जिससे उसे अपने लक्ष्यों की प्राप्ति में सहायता प्राप्त होती है।

इसके लिए, व्यक्ति को स्वयं से मिलती जुलती स्थितियों का सामना करना पड़ता है, जिससे उसे अपनी आत्म ज्ञान की समझ में वृद्धि होती है। स्वयं मूल्यांकन की प्रक्रिया में, व्यक्ति को अपने लक्ष्यों, मूल्यों और उद्दीपनों की साफ समझ होती है, जो उसको अपनी दैहिक, मानसिक और आत्मिक तौर पर सुधार के लिए प्रेरित करती है।

स्वयं मूल्यांकन की प्रक्रिया व्यक्ति को अपने आत्म-समर्पित में सुधार करने का एक स्वाभाविक रूप है और यह उसे अपने जीवन को एक सकारात्मक और सत्यापित दिशा में परिवर्तित करने में उसकी सहायता करता है। इससे व्यक्ति अपने लक्ष्यों की प्राप्ति में सक्षम होता है और अपने जीवन को सफलता और संतुलन से भर देता है।

इससे एक कर्मचारी या उसके साथियों का मनोबल इस बात का सूचक है कि वो अपनी नौकरी से कितना प्रसन्न हैं। नौकरी की संतुष्टि और प्रतिबद्धता उसके लिए कितना महत्व रखती है। यह इस प्रकार है कि कर्मचारी कंपनी की आवश्यकता, दृष्टिकोण और मिशन के संबंध में अपने वातावरण और भूमिकाओं को कितना और किस प्रकार से समझते हैं।

संक्षिप्त रूप से,'स्वयं मूल्यांकन' एक अद्वितीय और आवश्यक प्रक्रिया है जो व्यक्ति को उसके आत्म-मूल्य की समझ और सुधार करने में सहायक होती है। यह व्यक्ति को अपने जीवन को एक सकारात्मक दृष्टिकोण होने में सहायता करता है, जिससे वह अपनी क्षमताओं की पूरी संभावना प्राप्त कर सकता है। स्वयं मूल्यांकन की प्रक्रिया में सफलता प्राप्त करने के लिए, व्यक्ति को विभिन्न क्षेत्रों में अपनी प्रगति को निगरानी में रखने की आवश्यकता होती है, जैसे कि शिक्षा, कौशल और सामाजिक संबंध।

स्वयं मूल्यांकन का अर्थ है अपने साथीपन, क्षमताओं और स्वास्थ्य की मान्यता देना, किन्तु यह भी आत्म-समीक्षा का ही एक भाग है। यह व्यक्ति को अपने अच्छे और बुरे पहलुओं को स्वीकार करने में सहायता करता है और उसे अगले कदमों की दिशा में सुधार करने का साहस प्रदान करता है।

आत्म मूल्यांकन का अभ्यास करने से, व्यक्ति अपने स्वयं को बेहतरीन बनाने के लिए सक्षम होता है और सामाजिक संबंधों में स्थिरता बनाए रखता है। यह उसे आत्म-संवाद करने और अपने लक्ष्यों की प्राप्ति में सहायता करने के लिए एक स्वस्थ मार्ग प्रदान करता है।

इस प्रकार, स्वयं मूल्यांकन एक सकारात्मक और सामर्थ्यवर्धन की दिशा में एक महत्वपूर्ण प्रक्रिया है जो व्यक्ति को अपने आत्म-मूल्य की गहरी समझ प्रदान करती ह। यह उसे स्वतंत्रता और स्वाधीनता की भावना प्रदान करती है, जिससे उसका जीवन सुखमय और सत्यापित होता है। अधिकतम खुशियों और सफलता की प्राप्ति के लिए, स्वयं मूल्यांकन को एक नियमित और स्थायी अंश बनाये रखना महत्वपूर्ण है।

एक समय की बात है, गांव में एक युवक था जिसका नाम आर्यन था। आर्यन एक सामान्य गांववाला था, लेकिन उसमें एक अद्वितीयता थी- उसका सपना अपने गांव को समृद्धि और सुधार की ऊंचाइयों तक पहुँचाने का।

आर्यन का सपना अन्य गांववालों के लिए विचित्र था क्यूंकि वहाँ के लोगों को लगता था कि उनके गांव में इतनी आवश्यकतायें नहीं हैं। लेकिन आर्यन ने अपने अन्तर्निहित दृष्टिकोण के साथ स्वयं मूल्यांकन किया और जाना कि उसके सपने को पूरा करने के लिए उसमें कुछ ख़ास है।

आर्यन ने अपनी क्षमताओं को बढ़ावा देने के लिए खुद को विद्या प्राप्त करने का अवसर दिया और उसने गांव के बच्चों को शिक्षा देने का एक स्वयंसेवी समूह बनाया। उसने सभी को सिखाया कि उनमें भी विशेषता है और वे भी अपने सपनों को पूरा कर सकते हैं।

धीरे-धीरे, उसका संघर्ष और समर्पण गाँव के लोगों को प्रेरित करने लगे। उसके गाँव में स्वच्छता अभियान, किसानों के लिए नए नए तकनीकी उपायों का प्रचार किया और बच्चों को उनके शैक्षिक लक्ष्यों की प्राप्ति में सहायता की।

कुछ वर्षों के पश्चात ही आर्यन ने अपने सपने को वास्तविकता में परिवर्तित कर दिया और अपने गाँव को समृद्धि और सुधार की नई ऊंचाइयों तक पहुंचा दिया। उसकी सफलता ने यह प्रमाणित कर दिया कि स्वयं

मूल्यांकन और आत्मसमर्पण से किसी भी सपने को वास्तविकता में परिवर्तित किया जा सकता है।

स्वयं मूल्यांकन हमारे लिए अपनी परिकल्पनाओं को साकार करने का एक महत्वपूर्ण भाग है, जब मनुष्य द्वारा स्वयं का मूल्यांकन किया जाता है तो उसका मनोबल उनकी पूर्णता में उसका सहायक हो जाता है।

मनोबल की शक्ति

मनोबल की शक्ति हमारे मन की सामरिक और मानसिक शक्ति को संकेत करती है। यह हमारे विचारों, भावनाओं और संवेदना में उत्पन्न होती है और हमें आगे बढ़ने के लिए प्रेरित करती है। मनोबल हमारे संघर्षों, परिस्थितियों और समस्याओं का निराकरण करने की क्षमता है।

इस का महत्वपूर्ण पहलू हमारे मस्तिष्क में स्थित होता है। यह हमारे सोच और कार्य को निर्देशित करने में उपयुक्त भूमिका निभाता है। यदि हमारा मस्तिष्क शक्तिशाली होगा, तो हमें हर प्रकार की कठिनाइयों और विपरीत परिस्थितयों के साथ निपटने की क्षमता मिलेगी। मनोबल हमें जीवन में आत्मविश्वास, संघर्षशीलता और सीमाओं को पार करने की क्षमता प्रदान करता है। यह हमारे जीवन में सकारात्मकता और सफलता का एक अभिन्न स्रोत है, जो हर समय हर परिस्थिति में हमारा सहायक है।

मनोबल की शक्ति का मनुष्य के कार्य क्षेत्र में इतना प्रभाव होता है कि जब कर्मचारी का मनोबल ऊंचा होता है, तो वो बहुत उत्साह, समर्पण एवं शक्ति भाव से काम करते है। उस समय कर्मचारी की अपने आप की श्रेष्ठता प्रमाणित होती हैं, क्योंकि उस समय वे अपना सर्वश्रेष्ठ काम करने के लिए प्रेरित होते हैं। दूसरी ओर, जब कर्मचारी का मनोबल कम होता है, तो उनकी अपनी योग्यता प्रमाणित नहीं होती। वो कंपनी की अपेक्षा अनुसार कार्य नहीं कर सकता या उत्पादकता नहीं दे सक्ता। इसलिए कंपनियों का लक्ष्य सदैव उत्पादक कर्मचारी रखना ही होता है।

इस विस्तृत व्याख्या में, इस अद्भुत शक्ति को समझने के लिए इसके

मूल सिद्धांतों, उपायों और उदाहरणों पर प्रकाश डालने का प्रयास किया गया है। यहां हम यह जानेंगे कि मनोबल की शक्ति कैसे प्राप्त की जा सकती है और कैसे उसका अपने जीवन में उचित उपयोग किया जा सकता है।

यह विवेचना स्व–नियंत्रण, सकारात्मक सोच, मनोयोग, स्वाधीनता और प्रेरणा जैसे विषयों पर ध्यान केंद्रित करती है। इसके अतिरिक्त यहां पर हम आपसी मेलजोल, मनोवैज्ञानिक तकनीक, प्रेरणादायक कथाएं और अनुभवों का भी अध्ययन करेंगे जो हमारे लिए पर्याप्त मनोबल की प्राप्ति में सहायक हो सकती हैं।

यह विवेचना हमें मानसिक और भावनात्मक दृढ़ता के विकास, सकारात्मक मानसिकता का प्रशिक्षण और उन उपायों को सीखना है जो हमें निम्नता से ऊँचाईयों की ओर ले जाएंगे। इस के माध्यम से, हम सभी अपने आत्मविश्वास, सामरिक महत्व, कुशलता और प्रभावशीलता को बढ़ा सकेंगे।

इस समस्त विवेचना एवं व्याख्या का लक्ष्य है कि हम सभी अपनी मनोबल की शक्ति को अच्छी तरह से पहचानें और उसे अपने जीवन में उचित सामरिक मानसिकता के माध्यम से इसे लागू करें। यह पुस्तक उन लोगों के लिए बहुत महत्वपूर्ण है जो अपनी शक्तियों और क्षमताओं की खोज कर रहे हैं और अपने जीवन को सकारात्मकता और सफलता की ओर ले जाना चाहते हैं।

कई वर्ष पूर्व की बात है, एक छोटे से गाँव में एक छोटा सा लड़का रहता था, जिसका नाम अर्जुन था। अर्जुन निर्धन था, किन्तु उसमें मनोबल की कमी नहीं थी। उसमें एक अद्भुत मनोबल था।

अर्जुन का सपना था कि वह अपनी योग्यता एवं प्रयास से अपने गाँव के लोगों को एक नई राह दिखाएगा, उनको अपनी पहचान दिलाएगा और इस प्रकार से अपने गांव का नाम उज्जवल करेगा। अपने इस उद्देश्य को पूर्ण करने के लिए उसने कभी हार नहीं मानी और सदैव अपने लक्ष्य की प्राप्ति के

लिए प्रयासरत रहा।

एक दिन, गाँव में एक बड़े उत्सव का आयोजन हुआ, जिसमें विभिन्न प्रकार की प्रतियोगिताएँ हुईं। अर्जुन ने भी इसमें बढ़चढ़ कर भाग लिया और अपनी क्षमताओं का श्रेष्ठ प्रदर्शन किया और प्रतियोगिता में विजय प्राप्त की।

उसके श्रेष्ठ प्रदर्शन पर उपस्थित सभी लोगों ने उसके प्रदर्शन की भूरि भूरि प्रशंसा की, जिसके पश्चात, अर्जुन को बड़े शहर में एक महत्वपूर्ण स्थान पर अच्छी सी नौकरी मिल गई। वह वहां पहुंचकर अपने कार्य में लग गया और परिश्रम के साथ सफलता की सीढ़ियां चढ़ता चला गया।

धीरे-धीरे, अर्जुन ने अपने गाँव का नाम उज्जवल किया और इस प्रकार अपने दृढ़ मनोबल से अपने लक्ष्य की प्राप्ति की और अपने गांव के लोगों के लिए एक प्रेरणा का स्रोत बन गया। उसके मनोबल ने उसे उच्चतम स्थान पर पहुंचाया और इस प्रकार उसने अपने सपनों को एक सच्चाई में परिवर्तित कर दिया।

इस से हमें इस बात का प्रमाण मिलता है कि मनोबल की शक्ति किसी भी कठिनाई को पार करने में मनुष्य की सहायता कर सकती है। जब हमारी आत्मा शक्तिशाली होती है, हमारा मनोबल दृढ़ होता है और हम अपने लक्ष्यों की प्राप्ति के लिए कठिनाइयों का सामना करते हैं, तो हम किसी भी समस्या को सुगमता से परास्त कर सकते हैं।

सकारात्मक मानसिकता

सकारात्मक मानसिकता मनोबल को उच्च करने में सहायता करती है। यह व्यक्ति को आदर्श और सकारात्मक दृष्टिकोण बनाए रखने में सहारा प्रदान करती है, जिससे उसे जीवन की हर कठिनाई का सामना करना सुगम होता है।

मानव जीवन में सुख और समृद्धि का मूल्य अपना मायाजाल बिछाता है और इसमें सकारात्मक मानसिकता का महत्वपूर्ण स्थान है। सकारात्मक मानसिकता वह शक्ति है जो हमें जीवन की चुनौतियों का सामना करने, सफलता की ऊँचाइयों को छूने और जीवन को एक सही दृष्टिकोण से देखने में सहायक होती है। यह विचार भावना सकारात्मक मानसिकता के महत्व, इसके लाभ और इसे बनाए रखने के उपायों पर ध्यान केंद्रित करती है।

साकारात्मक मानसिकता का मानसिक स्वास्थ्य में बहुत बड़ा महत्व है। मानसिक स्वास्थ्य में, जिसमें सकारात्मक मानसिकता सम्मिलित है, हमारे जीवन की गुणवत्ता को सुनिश्चित करने में महत्वपूर्ण भूमिका निभाती है। सकारात्मक मानसिकता से हम तंत्रिका और मानविक संबंधों में सुधार कर सकते हैं, स्वयं को सहारा देने की क्षमता विकसित कर सकते हैं और जीवन के हर पहलू को सकारात्मक दृष्टिकोण से देख सकते हैं।

सकारात्मक मानसिकता से हम अपने आस-पास के लोगों के साथ सकारात्मक एवं स्वस्थ संबंध बनाए रख सकते हैं, जो हमारे जीवन को आनंदमय बनाए रखते हैं।

इससे हमारी अपनी कार्य क्षमता में पर्याप्त सुधार भी कर सकते हैं और अपने लक्ष्यों की प्राप्ति में सफलता प्राप्त कर सकते हैं।

सकारात्मक मानसिकता से भी हम अपनी तंत्रिका में सुधार कर सकते हैं, जिससे हमारा मानसिक स्वास्थ्य बना रहता है और हम अधिक स्थिर रूप से अपने लक्ष्यों की ओर बढ़ सकते हैं।

सकारात्मक मानसिकता को बनाए रखने के लिए आत्म-स्वीकृति और समर्थन अत्यंत महत्वपूर्ण हैं। अपनी क्षमताओं को स्वीकार करना और स्वयं को समर्थन प्रदान करना हमें अधिक आत्मविश्वास से भर देता है, जिससे हम जीवन के हर क्षेत्र में अपना श्रेष्ठ प्रदर्शन कर सकते हैं।

सकारात्मक मानसिकता का पहला कदम है स्वीकृति, अर्थात स्वयं को ऐसा मानना कि हम स्थापित गुणों और क्षमताओं के साथ परिपूर्ण हैं। यह हमें अपने आत्म-मूल्य को समझने में सहायता करता है और हमारी नकारात्मक भावनाओं को दूर करता है।

दूसरों से सहारा और समर्थन प्राप्त करना भी मानसिक स्वास्थ्य को बनाए रखने का एक अद्वितीय उपाय है। परिवार, मित्र और साथियों से उचित समर्थन प्राप्त करके हम अपने लक्ष्यों की ऊँचाइयों को छू सकते हैं।

सकारात्मक मानसिकता का भाग यह भी है कि हम अपनी स्वतंत्रता का पर्याप्त मूल्यांकन करें। अपने विचारों और विचारधारा में स्वतंत्र रहें। दूसरों के सुझावों का समर्थन करते हुए भी, हमें स्वयं के विचारों को महत्वपूर्ण मानना चाहिए।

सकारात्मक मानसिकता को बनाए रखने के लिए सकारात्मक संबंध भी बहुत आवश्यक हैं। सही दिशा में आगे बढ़ने के लिए हमें उन लोगों के साथ समय बिताना चाहिए जो हमें प्रेरित करते हैं और हमारे सपनों का समर्थन करते हैं।

सकारात्मक मानसिकता का संरक्षण हमारी मानसिकता के लिए बहुत प्रभावकारी है। आत्म-सकारात्मक अभ्यास, सकारात्मक किरणों को बनाए रखने का एक उपयुक्त उपाय है। सुबह के समय ध्यान और सकारात्मक

आदतें बनाए रखना हमें पूरे दिन के लिए तैयार कर सकता है और हमें अधिक सकारात्मक दृष्टिकोण प्रदान कर सकता है।

समर्थन और स्वीकृति की यह प्रक्रिया सकारात्मक मानसिकता को बनाए रखने में सहायक हैं और हमें अपने लक्ष्यों की प्राप्ति में सफलता दिलाती हैं। इन उपायों को अपनाकर हम प्रसन्न, संतुलित और सकारात्मक जीवन जी सकते हैं।

एक बार की बात है कि किसी गाँव की छोटी सी लड़की आशा अपने बचपन से ही सपनों की दुनिया में खोयी रहती थी। उसका सपना था कि वह एक दिन बड़ी होकर अपने गाँव का नाम उज्जवल करेगी और अपने माता–पिता को भी गौरवान्वित करेगी।

हालांकि, आशा का गाँव एक सामान्य सा गांव था जिसमें सुविधाएं कम थीं और लोगों को बहुत से संघर्षों का सामना करना पड़ता था। किन्तु आशा की मानसिकता सदैव सकारात्मक ही बनी रही। वह सदैव यही सोचती थी कि जीवन में सब कुछ संभव है और वह अपने सपनों को वास्तविकता में परिवर्तित कर सकती है।

फिर एक दिन उसे इस का अवसर भी मिल गया। एक दिन, गाँव की पाठशाला में शिक्षा के एक विशेष उत्सव का आयोजन हुआ, जिसमें एक बड़े शिक्षण संस्थान संस्थान का एक समूह गाँव में आया हुआ था। आशा ने इस अवसर का भरपूर लाभ उठाने का निश्चय किया और अपने सपनों को अपनी शक्ति में परिवर्तित करने का अवसर प्राप्त किया। उसने शिक्षण संस्थान की प्रवेश परीक्षा में सफलता प्राप्त करने के लिए बहुत परिश्रम किया और इसमें सफलता प्राप्त की। इसके साथ ही उसने मनोबल और अथक परिश्रम से अपने गांव और देश का नाम भी उज्जवल किया। इसके साथ ही उसके जीवन की एक नई यात्रा का आरम्भ हुआ।

इससे आशा का जीवन पूर्णतया ही परिवर्तित हो गया। उसने भविष्य में

कठिनाइयों का सामना तो किया ही, किन्तु उसकी सकारात्मक मानसिकता ने उसे सदैव आगे बढ़ने के लिए उसे प्रेरित किया। जिससे उसने अपने लक्ष्यों की प्राप्ति में सफलता प्राप्त की।

इस उदाहरण से हमें यह पता चलता है कि जीवन में कभी-कभी हमें कठिनाइयों का सामना करना पड़ सकता है, किन्तु दृढ़ मनोबल, सकारात्मक मानसिकता और संघर्षशीलता से हम सभी कठिनाइयों पर विजय प्राप्त कर सकते हैं और अपने सपनों को वास्तविकता में परिवर्तित कर सकते हैं।

शक्ति के अभ्यास

मनोबल की शक्ति के अभ्यास किसी भी व्यक्ति के जीवन में महत्वपूर्ण स्थान रखते है। यह हमें मन को स्थिर रखने, मांगलिक विचारों को प्रबल बनाने और सकारात्मक सोच की प्रोत्साहित करने में सहायता करते हैं। निम्नलिखित कुछ उदाहरणों के साथ इस शक्ति के अभ्यास के विषय में विस्तार से बताया गया है:

1. ध्यान: ध्यान भूमि के लिए सबसे महत्वपूर्ण और प्रभावी उपाय है। एक निश्चित समय में ध्यान करने से हमारा मन विचारों पर नियंत्रण पा लेता है और उदासी और अथाह विचारों के स्थान पर सकारात्मकता को विकसित करता है। ध्यान अभ्यास करने से हमारे मन के विचारों का संचार करने की क्षमता में सुधार होता है और हम अपने जीवन में मानसिक स्थिरता प्राप्त करने में सफल होते हैं।

2. स्वाध्याय: स्वाध्याय अभ्यास हमारे मन को दृढ़ विचारों की ओर खींचता है। यह हमें अच्छे और प्रेरणादायक जीवन मूल्यों की समझ में सहायता करता है और हमें स्वयं को श्रेष्ठ बनाने के लिए प्रेरित करता है। स्वाध्याय के अभ्यास के द्वारा हम सकारात्मकता, सूक्ष्म ज्ञान और आत्म-उन्नति प्राप्त कर सकते हैं।

3. अभियांत्रिकी: अभियांत्रिकी अभ्यास हमारे मन की ऊर्जा को एकाग्रता प्रदान करने में सहायता करता है। इसमें हम अपने मन को एक विशेष विषय पर केन्द्रित करते हैं और अपने मन की एकाग्रता को बढ़ाते हैं।

यह हमारे मन में शांति, शक्ति और सुख की अनुभूति को उत्पन्न करके

हमें अधिक सकारात्मक बनाता है।

4. योगाभ्यास: योगाभ्यास हमारे मन की शक्ति को बढ़ाने में सहायता करता है। ईश्वर प्रणिधान, आसन, प्राणायाम और ध्यान के माध्यम से हम अपने मन को स्थिर और केंद्रित कर सकते हैं। योगाभ्यास हमारे मन को आत्म-प्रेम, स्वस्थ मानसिक स्थिति और सकारात्मकता के साथ भर देता है।

मनोबल की शक्ति के अभ्यास का आदान-प्रदान हमें एक सकारात्मक मानसिकता में स्थायित्व प्रदान करता है और हमारे अपने जीवन में अधिक सफलता और सुख लाता है। यह हमारे मानसिक और शारीरिक स्वास्थ्य को बढ़ावा देता है और हमारी मनो शक्ति को विकसित करता है।

एक समय की बात है, एक गांव में एक युवक रहता था जिसका नाम रामू था। रामू बहुत ही कमजोर मनोबल वाला था और सदैव निराश ही रहता था। उसे अपने मित्रों के सामरिक और शारीरिक कौशल को देखकर बहुत ही खेद होता था। एक दिन, रामू ने अपने मित्रों से पूछा, "यार, मुझे भी अपने मनोबल को शक्तिशाली करना है। क्या मुझे कोई अभ्यास बता सकते हो जो मेरे मनोबल को बढ़ा सके?" रामू के मित्र ने उसे एक बड़े से पेड़ के पास चलने का सुझाव दिया। वहां पहुंचकर, उसने रामू को एक छोटे से पेड़ के विषय में बताया जिसका नाम था 'विजयी'। रामू को सहसा बहुत ही अच्छा लगा क्योंकि वह वास्तव में ही विजयी बनना चाहता था। उसके मित्र ने कहा, "रामू, तुम्हें प्रतिदिन इस पेड़ के पास आकर एक छोटा सा अभ्यास करना होगा। तुम्हें इस पेड़ की तरफ जाकर अपने मन में यह बात कहनी होगी कि 'मैं विजयी हूँ, मैं सब कुछ कर सकता हूँ।' इसे प्रतिदिन और नियमपूर्वक करते रहो। इससे धीरे-धीरे तुम्हारा मनोबल बढ़ेगा।"

रामू ने अपने मित्र का सुझाव माना और प्रतिदिन विजयी पेड़ के पास जाकर उस अभ्यास को किया। पहले कुछ ही दिनों में उसे अंतर दिखाई देने लगा। उसका मनोबल बढ़ने लगा और उसे लगने लगा कि वह सचमुच में ही

विजयी हो रहा है। धीरे-धीरे, रामू के मित्र ने उसे और चुनौतियों का सामना करने के लिए प्रेरित किया। रामू ने अपने मनोबल की शक्ति को बढ़ाते हुए अनेक कठिनाइयों का सामना किया और उन्हें पार किया। धीरे-धीरे, रामू ने अपने मित्रों को भी प्रेरित किया और उन्हें भी विजयी बनाने का अभ्यास करने के लिए प्रेरित किया। उसके मित्रों ने भी अपने मनोबल की शक्ति को बढ़ाने के लिए विजयी पेड़ के पास जाने की सलाह दी। इस प्रकार, रामू ने अपने मनोबल की शक्ति को बढ़ाते हुए अपने अपने मित्रों के जीवन में भी बहुत सारे परिवर्तन लाए। उसका मन अब बहुत ही शक्तिशाली हो गया था और वह सदैव प्रसन्न रहता था। इस प्रसंग से हमें यह विदित होता है कि इस अद्भुत और अमूल्य को बढ़ाने के लिए निरंतर अभ्यास और संघर्ष की आवश्यकता होती है। हालांकि 'विजयी पेड़' एक प्रकार का प्रतीक मात्र ही था, फिर भी उसका अनुसरण करते हुए रामू ने अपने जीवन में अपेक्षित परिवर्तन लाने में सफलता प्राप्त की। इसी प्रकार यदि हम अपने मन को शक्तिशाली एवं अपने आप को विजयी बनाना चाहते हैं, तो हमें निरंतर प्रयास करने की आवश्यकता होती है और इसके लिए हमें निरंतर अपने लक्ष्य की ओर बढ़ते रहना होगा।

इसी प्रकार, रवि नाम का युवा लड़का था। वह बहुत ही कमजोर और दुबला-पतला था और उसकी शारीरिक शक्ति भी बहुत ही कम थी। शारीरिक अभियांत्रिकी में रुचि रखने वाले रवि ने एक दिन निश्चित किया कि वह अपनी शक्ति को विकसित करने के लिए काम करेगा।

रवि ने एक प्रशिक्षक से मिलने का निर्णय लिया और उसने उसे बताया कि वह अपनी शारीरिक शक्ति को विकसित करना चाहता है। प्रशिक्षक ने उसे एक व्यायाम प्रोग्राम तैयार किया, जिसमें वजन ट्रेनिंग, कार्डियो और शक्ति व्यायाम की विभिन्न प्रकारों को सम्मिलित किया गया।

रवि ने प्रशिक्षक की गाइडेंस में नियमित रूप से व्यायाम शुरू किया।

शुरुआत में उसे कठिनाइयाँ आईं, लेकिन वह निरंतर प्रयास करता रहा। समय के साथ, उसकी शक्ति बढ़ती गई और उसका शरीर मजबूत हो गया। उसने अपनी सामरिक क्षमता को सुधारकर विभिन्न उपायों में सुधार देखा, जैसे कि उसकी ऊर्जा स्तर में वृद्धि, दिल की स्वास्थ्य में सुधार, और अच्छी नींद की गुणवत्ता।

धीरे-धीरे, रवि ने अपनी शक्ति को विकसित करके अपने लक्ष्यों को प्राप्त किया। उसने अपने शारीरिक शक्ति का उपयोग व्यापार में सफलता प्राप्त करने के लिए किया और अपने क्षेत्र में एक प्रमुख व्यापारी के रूप में सफलता अर्जित की। इस प्रकार रवि ने अपनी शारीरिक शक्ति को विकसित करने के लिए प्रयास किया और अंततः अपने लक्ष्यों को प्राप्त किया। इससे प्रमाणित होता है कि शक्ति के अभ्यास और नियमित प्रयास से हम अपने लक्ष्यों को प्राप्त कर सकते हैं और अपनी क्षमताओं को सुधार सकते हैं।

मानसिक स्वास्थ्य की पालना

यह श्रेणी पाठकों को मानसिक स्वास्थ्य के साथ सही संबंध बनाए रखने के लिए उपयुक्त उपाय और सुझाव प्रदान करता है।

मानव जीवन में सुख-दुःख, सफलता-असफलता, प्रेम-द्वेष, इन सभी भावनाओं का एक सबसे महत्वपूर्ण केंद्र है- मानसिक स्वास्थ्य। मानसिक स्वास्थ्य न केवल मनुष्य के शारीरिक स्वास्थ्य को प्रभावित करता है, बल्कि समझदारी, तत्परता और उस की पूरी जीवन शैली पर भी प्रभाव डालता है। मानसिक स्वास्थ्य की सही पालना न केवल मनुष्य को शक्तिशाली बनाए रखती है, बल्कि समाज को भी स्वस्थ और सकारात्मक बनाए रखती है।

मानसिक स्वास्थ्य से तात्पर्य मनोबल, भावनात्मक स्थिति और मानसिक शांति से है। यह व्यक्ति को जीवन में सकारात्मक दृष्टिकोण बनाए रखने में सहायता करता है और उसे सभी चुनौतियों का सामना करने की क्षमता प्रदान करता है। एक स्वस्थ मानसिक स्वास्थ्य वाला व्यक्ति सहानुभूति, समझदारी और सकारात्मकता के साथ अपने और दूसरों के साथ मिल जुलकर रहता है।

आजकल की शीघ्रता से परिवर्तित होती जीवनशैली, तनाव और सामाजिक दबाव के कारण लोगों में मानसिक समस्याएं बढ़ रही हैं। अव्यवस्थित जीवनशैली, नियमित नींद की कमी और सही आहार की कमी भी मानसिक स्वास्थ्य को प्रभावित करती हैं। चिंता, डिप्रेशन और अधिक तनाव की स्थिति में होने वाले विचारों की अधिकता भी इसमें एक महत्वपूर्ण कारक है।

योग, मेडिटेशन और नियमित व्यायाम मनुष्य के मानसिक स्वास्थ्य को सुधारने में सहायता कर सकते हैं।

इसके लिए अच्छे आहार का सेवन करना भी मानसिक स्वास्थ्य के लिए लाभप्रद है और नियमित और पर्याप्त नींद लेना मानसिक तंत्र को शांति देने में सहायता करता है।

सकारात्मक सोच बनाए रखने के लिए मेडिटेशन और सोशल इंटरेक्शन महत्वपूर्ण होने के साथ ही समय का सही प्रबंधन करना और आत्मसमर्पण मानसिक स्वास्थ्य को बनाए रखने में सहायता करता है।

अन्त में मानसिक स्वास्थ्य की पालना व्यक्ति को अपने पूरे पोटेंशियल को जीवन में प्रकट करने में सहायक होती है। एक स्वस्थ मानसिक स्वास्थ्य वाला व्यक्ति आत्म-नियंत्रण, सकारात्मक दृष्टिकोण और समर्थ निर्णय लेने में सक्षम होता है। इसलिए, सभी को अपने मानसिक स्वास्थ्य का समर्थन करने और इसे सही दिशा में बनाए रखने के लिए समर्पित रहना चाहिए।

यह कहानी एक छोटे से गांव की है, जहाँ एक आर्यन नामक युवक रहता था। आर्यन का जीवन सामान्य था, किन्तु उसकी तनावपूर्ण जिंदगी के कारण उसका मानसिक स्वास्थ्य धीरे-धीरे बिगड़ता जा रहा था। उसे अक्सर चिंता और दबाव की समस्या हो जाती थी।

एक दिन, गाँव में एक स्वास्थ्य शिक्षक आया और उसने वहाँ पर एक मानसिक स्वास्थ्य की शिक्षा कार्यशाला का आयोजन किया। आर्यन ने भी इसमें भाग लिया और वहाँ उसने अपनी समस्याओं के विषय में बात की।

शिक्षक ने उसे मानसिक स्वास्थ्य का महत्व समझाया और उसे योग, ध्यान और सकारात्मक विचारों के लाभ के विषय में भी सिखाया। आर्यन ने इसे ध्यानपूर्वक आत्मसात किया और अपनी दिनचर्या में सम्मिलित किया, जिससे और धीरे-धीरे उसका मानसिक स्वास्थ्य सुधरने लगा।

इसी प्रकार उसने अपने जीवन में सकारात्मक परिवर्तन करने का निर्णय

लिया और अपने लक्ष्यों की प्राप्ति के लिए प्रतिबद्ध हो गया। उसने अपने मित्रों और परिवार के साथ अपने संबंध भी सुधारे और उनकी सहायता भी की।

धीरे-धीरे, आर्यन का जीवन सुखमय और समृद्धि से भरता चला गया। अपने परिश्रम और मानसिक स्वास्थ्य का पूरा ध्यान रखने के पश्चात, उसने अपने गाँव को मानसिक स्वास्थ्य और परिश्रम के महत्व के प्रति जागरूक किया और दूसरों को भी सहारा देने का कार्य किया।

इस वृतांत से तात्पर्य यह है कि मनुष्य के लिए मानसिक स्वास्थ्य का पालन करना अत्यंत महत्वपूर्ण है। अपने मानसिक स्वास्थ्य की देखभाल करने से ही हम अपने जीवन को सकारात्मक रूप से देख सकते हैं और अपने लक्ष्यों की प्राप्ति की दिशा में अग्रसर हो सकते हैं।

सकारात्मक सम्बन्ध

प्रेरणा से भरे और सकारात्मक सम्बन्ध बनाए रखना भी मनोबल को बनाए रखने में सहायता करता है। यह व्यक्ति को उत्साहित करता है और उसे जीवन में अग्रणी बनने के लिए प्रेरित करता है।

प्रेरणा से भरे और सकारात्मक सम्बन्ध बनाए रखना मनोबल को बनाए रखने के लिए बहुत महत्त्वपूर्ण है। मानव जीवन में जो भी उच्चतम स्तर की सफलता और सुख-शांति प्राप्त करना चाहता है, उसे आत्म-प्रेरणा और सकारात्मक सम्बन्धों की आवश्यकता होती है। यह न केवल उसकी आत्म-समर्थन शक्ति को बढ़ाता है, बल्कि उसे अग्रणी बनने के लिए भी प्रेरित करता है।

प्रेरणा एक ऐसी ऊर्जा है जो किसी को आगे बढ़ने के लिए प्रेरित करती है। जब कोई व्यक्ति अपने लक्ष्यों की प्राप्ति के लिए उत्साहित होता है, तो उसमें एक नई ऊर्जा और संजीवनी शक्ति उत्पन्न होती है। इससे सकारात्मक ऊर्जा के साथ, व्यक्ति अपने कार्यों में निरंतरता बनाए रख सकता है और उसकी अपनी मंजिल की प्राप्ति की दिशा में प्रगति होती है।

सकारात्मक सम्बन्ध बनाए रखना भी व्यक्ति को समृद्धि और सफलता की दिशा में प्रवृत्ति करता है। जब किसी के चारों ओर के लोग सकारात्मकता और सहानुभूति भरे होते हैं, तो वह व्यक्ति भी उनमें से एक बन जाता है। सकारात्मकता और समर्थन का मिलना व्यक्ति के मनोबल में बढ़ोतरी करता है और उससे अधिक संजीवनी ऊर्जा प्रदान करता है।

एक उदाहरण के रूप में, एक विद्यार्थी जो अपने लक्ष्य की प्राप्ति के लिए

प्रेरित है, यदि उसे अच्छे सम्बन्ध और सकारात्मक दृष्टिकोण मिलता है, तो उसका मनोबल बहुत ही ऊँचा रहेगा। उसे अपने कड़े परिश्रम के लिए प्रेरित करने वाले मित्रों और गुरुओं का समर्थन मिलेगा, जिससे उसकी प्रगति होगी और वह जीवन में अग्रणी बनेगा।

इस प्रकार, प्रेरणा से भरे और सकारात्मक सम्बन्ध बनाए रखना मनोबल को बनाए रखने में महत्वपूर्ण भूमिका निभाता है। ये संपर्क और संबंध व्यक्ति को जीवन में उत्साहित करते हैं, उसे आत्म-समर्थन और सकारात्मकता में सहायता करते हैं, जिससे वह अपने लक्ष्यों की प्राप्ति की दिशा में अग्रसर हो सकता है।

एक उच्च शिक्षा के छात्र जो अपने अध्ययन में प्रेरित है, उसके लिए प्रेरणा से भरे और सकारात्मक सम्बन्ध काफी महत्वपूर्ण हो सकते हैं। उसे अच्छे उपदेशकों से मिलने पर और उसके सहायकों और सहयोगियों के सकारात्मक समर्थन से, उसका मनोबल बना रहेगा। ये संबंध उसे पढ़ाई में अग्रणी बनने के लिए प्रेरित करेंगे।

किसी व्यक्ति को व्यावसायिक क्षेत्र में सफलता प्राप्त करने के लिए इसके सकारात्मक सम्बन्ध भी अत्यंत महत्वपूर्ण हो सकते हैं। एक उत्साही और समर्थन शील समूह के साथी उसे कठिन समयों में भी सहारा देंगे और उसे अपने क्षेत्र में अग्रणी बनने के लिए प्रेरित करेंगे।

किसी भी सामाजिक समूह, जैसे कि परिवार, मित्र और समाज, में सकारात्मक सम्बन्धों का होना व्यक्ति को उत्साहित करता है। इन संबंधों के माध्यम से व्यक्ति अच्छे नैतिक मूल्यों का पालन करने के लिए प्रेरित होता है और समाज में अग्रणी बनने के लिए कड़ा परिश्रम करता है।

इसी प्रकार एक कर्मचारी जो अपने प्रबंधन और सहयोगी सहबद्धता के साथ काम करता है, उसे अपने कार्यस्थल में प्रेरित रहने के लिए ये संबंध बहुत महत्वपूर्ण होते हैं। सकारात्मक सम्बन्ध उत्साही बनाए रखकर, कार्य में

अग्रणी बनने के लिए प्रेरित कर सकते हैं।

इन उदाहरणों से यह स्पष्ट है कि प्रेरणा से भरे और सकारात्मक सम्बन्ध बनाए रखना व्यक्ति को उत्साहित करके उसे जीवन में अग्रणी बनने के लिए प्रेरित कर सकता है।

एक समय की बात है, एक गांव में राजू नाम का एक लड़का रहता था। राजू का सपना था कि वह अपने गाँव का गर्व बने और अच्छी शिक्षा के पश्चात एक दिन एक बड़ा आदमी बने।

राजू का परिवार बहुत निर्धन था। किन्तु उसके माता-पिता ने कभी हार नहीं मानी और राजू को सदैव सकारात्मकता और प्रेरणा से प्रेरित करता रहा। उन्होंने राजू को सिखाया कि किसी भी स्थिति में अपने सपनों की प्राप्ति के लिए परिश्रम करना और सकारात्मक सोच बनाए रखना अत्यंत महत्वपूर्ण है।

राजू ने अपने जीवन में कई कठिनाइयों और संघर्षों का सामना किया, किन्तु उसका मनोबल सदैव उच्च ही बना रहा। उसके प्रेरणा-स्रोत उसके माता-पिता और उसके शिक्षक थे, जो सदैव उसे उत्साहित करते रहे।

एक दिन, गाँव में एक सम्मानित शिक्षा संस्थान से एक छात्रवृति का नोटिस आया। राजू ने उसमें आवेदन किया और अच्छे अंक प्राप्त करके उसने उस छात्रवृति को प्राप्त किया। इससे राजू का उत्साह और आत्मविश्वास और भी शक्तिशाली हुआ।

राजू ने अच्छे शिक्षा के पश्चात एक प्रमुख कंपनी में नौकरी प्राप्त की और अपने गांव को गर्वित किया। उसका सफलता की यात्रा देखकर उसके समुदाय के लोग भी उससे प्रेरित हो गए और सकारात्मक सम्बन्ध बनाए रखकर अग्रणी बनने के लिए कड़ा परिश्रम करने लगे, जिससे कि वो भी राजू की भांति ही उन्नति करते हुए जीवन में आगे बढ़ सकें।

इस से यह प्रमाणित होता है कि प्रेरणा से भरे और सकारात्मक सम्बन्ध

बनाए रखना व्यक्ति को उत्साहित करता है और उसे अपने लक्ष्यों की प्राप्ति की दिशा में प्रेरित कर सकता है।

मनोबल की शक्ति का विकास

यह श्रेणी पाठकों को मनोबल की शक्ति को विकसित करने के लिए सामरिक उपायों के विषय में विस्तृत जानकारी प्रदान करता है।

मनोबल की शक्ति के विकास के लिए मनुष्य को सदैव ही सकारात्मक सोच बनाए रखनी चाहिए एवं नकारात्मक विचारों से दूर ही रहने का प्रयास करना चाहिए। सकारात्मक सोच बनाए रखने के लिए अपने लक्ष्यों और सपनों को सामने रखना महत्वपूर्ण है। इस बात के लिए ध्यान में रखना चाहिए कि हर चुनौती मनुष्य के लिए एक नया अवसर हो सकती है और सकारात्मक सोच से उन्हें इसके प्रति दृढ़ता प्राप्त होती है।

सदैव स्वास्थ्य पर ध्यान रखना भी मनुष्य के लिए सामरिक उपायों में से एक है। स्वस्थ शारीरिक और मानसिक स्वास्थ्य मनोबल को बढ़ावा देते हैं। इसके लिए पाठकों को योग, ध्यान, और नियमित व्यायाम को अपनी दिनचर्या में सम्मिलितकरना चाहिए।

इसके लिए समस्याओं को समझें और उनका सामना करें। सामरिक प्रतियोगिताओं से भी सीखें कि समस्याएं तो हर किसी के जीवन में आती हैं, किन्तु उनका सामना कैसे किया जाता है, यह महत्वपूर्ण है। मनुष्य को समस्याओं को सुलझाने के लिए नए और सकारात्मक दृष्टिकोण को बनाए रखना चाहिए।

पाठकों को इस बात को भी सदैव समझना चाहिए कि जीवन में स्वतंत्रता का बहुत महत्त्व है। स्वतंत्रता अर्थात अपने विचारों और क्रियाओं के लिए उत्तरदायी होना, मनोबल को बढ़ावा देने में सहायता कर सकती है। पाठकों

को अपने निर्णयों पर खड़ा होने की क्षमता देने के लिए उन्हें स्वतंत्रता से संबंधित कार्यों से परिचित होना चाहिए।

मनोबल की शक्ति के विकास के लिए सहायक साथियों के समर्थन का भी विशेष महत्व है। यह एक-दूसरे के साथ सामरिक समर्थन बढ़ाने में सहायता कर सकता है। पाठकों को अपने आस-पास के लोगों के साथ मैत्री पूर्ण एवं सजग भाव सेरहना चाहिए।

मनोबल की शक्ति के विकास के लिए अपने स्वास्थ्य का ध्यान रखना भी आवश्यक है। स्वयं के विकास पर ध्यान देना भी मनोबल को बढ़ावा देने में पर्याप्त सहायता कर सकता है। पाठकों को स्वयं को सुधारने के लिए पुस्तकें पढ़ने, सीखने और अपने कौशलों में सुधार करने के लिए भी सदैव सजग रहना चाहिए।

इन सामरिक उपायों के माध्यम से, पाठक मनोबल की शक्ति को विकसित करने में सक्षम हो सकते हैं और जीवन की हर चुनौती का सामना करने में सशक्त हो सकते हैं।

हमें सदैव ही इस बात का भी स्मरण रखना चाहिए कि जब भी हम किसी नए कार्य, परियोजना, या लक्ष्य की ओर बढ़ने का प्रयास करते हैं, हमें मानसिक तौर पर इस अमूल्य शक्ति की आवश्यकता होती है।

यहां एक उदाहरण दिया जा रहा है, जो हमें इस बात को प्रमाणित करता है कि किस प्रकार इस मनोबल की अद्भुत शक्ति का विकास संभव है।

सुरेश नाम का एक युवा व्यक्ति था जिसने अपने जीवन में एक नई ऊंचाई को छूने का सपना देखा था। इसके लिए उसने अपने क्षेत्र में एक अद्वितीय परियोजना का आरम्भ किया, जिसमें उसे नई तकनीकों का उपयोग करना था। इसे प्ररम्भ करने के पहले कुछ सप्ताह में ही उसे आभास हुआ कि परियोजना में कई प्रकार की चुनौतियां हैं और लोग उसकी क्षमताओं पर संदेह कर रहे हैं।

ऐसी परिस्थिति में, सुरेश का मनोबल कम होने लगा था और उसमें आत्मसमर्पण की कमी का आभास हो रहा था। किन्तु उसने साहस नहीं खोया और उसने तुरंत ही कुछ कदम उठाए।

सुरेश ने स्वयं से कहा कि वह किसी भी दृष्टि से कम नहीं है। उसे अपनी क्षमताओं पर भरोसा बनाये रखना होगा और इस बात को उसे प्रमाणित करना होगा कि वह हर दृष्टि से श्रेष्ठ और सक्षम है।

इसके लिए उसने एक योजनाबद्ध कार्य करने का निर्णय लिया। सर्वप्रथम उसने अपने लक्ष्य को छोटे भागों में विभाजित किया और हर छोटे कदम के साथ आगे बढ़ने का निर्णय लिया।

उसने यहां भी आवश्यकतानुसार अपने परिचितों अथवा शुभचिंतकों से उचित सहायता, सुझाव एवं सहारा भी लिया, जिन्होंने उसे प्रेरित किया और उसके साथ खड़े रहे।

इसके लिए उसने अपने कमजोरियों को स्वीकार किया और उन्हें सुधारने के लिए यथासंभव प्रयास किया, बजाय इसके कि हतोत्साहित हो कर जीवन से पलायन करने के विषय में सोचने लगे।

इस प्रकार, सुरेश ने विपरीत परिस्थितियों में भी अपने मनोबल को बनाये रखा और इस अद्भुत शक्ति का सही तरीके से उपयोग करके अपने करियर को दृढ़ता से आगे बढ़ाया। यह इस बात को प्रमाणित करता है कि मनोबल को सही दिशा में ले जाने के लिए सकारात्मक सोच, लक्ष्य, समर्थन और स्वीकृति की आवश्यकता होती है।

इसी प्रकार एक अन्य उदाहरण है। कुछ वर्ष पूर्व की बात है कि एक छोटे से गाँव में एक राज नाम का लड़का रहता था। वह सोचता था कि वह भी एक दिन बड़ा हो कर बहुत सा नाम कमाएगा और अपना तथा अपने परिवार का नाम उज्जवल करने के साथ साथ ही बड़ा आदमी बनकर अपने गांव को भी गौरवान्वित करेगा।

राज में एक विशेषता थी कि उसका मनोबल कभी भी कम नहीं होता था, चाहे जो भी हो। उसने कभी हार नहीं मानी और सदैव प्रासंगिक समस्याओं का सामना किया। एक दिन, उसके सामने एक समस्या उत्पन्न हो गई। क्षेत्र में एक बहुत बडा व्यापारिक आयोजन होने वाला था, जिसमें वह भी अपने उत्पादों को बेचने का अवसर पाना चाहता था।

किन्तु उसके सामने एक समस्या थी। राज के पास उत्पादों को बढ़ावा देने के लिए कोई बड़ा और आकर्षक पैम्फलेट नहीं था। वह सोचता था कि यदि वह लोगों को अपने उत्पादों के विषय में सही ढंग से बता नहीं पाया, तो उसका सपना टूट सकता है।

फिर भी राज ने हार नहीं मानी और एक रात जागकर सोच विचार करने लगा। तब उसने अपने परिश्रम और लगन से एक शानदार पैम्फलेट तैयार किया और उस व्यापारी आयोजन में सम्मिलित हुआ। वहाँ उसने लोगों को अपने उत्पादों के लाभ बताएं और उन्हें आकर्षित करने के लिए आकर्षक योजनाओं के साथ इसका प्रचार किया।

राज के इस प्रयास से उसे बहुत लाभ हुआ। इस प्रयास के पश्चात, राज के उत्पादों को बढ़ावा मिलाने लगा और लोग उसके उत्पादों को समर्थन देने लगे। इस प्रकार अपने मनोबल की शक्ति से उसने अपने परिवार के साथ साथ ही अपने अपने गाँव का भी गौरव बढ़ाया। मनोबल की शक्ति और सही दिशा में प्रयास से हर कठिनाई को पार किया जा सकता है।

स्वतंत्रता से विचारशीलता

स्वतंत्रता से विचारशीलता मनोबल को बढ़ाने में सहायता करती है। यह व्यक्ति को एक नई सोचने की क्षमता प्रदान करती है और इससे उसे अपने विचारों को स्वतंत्रता से व्यक्त करने में साहस मिलता है।

स्वतंत्रता एक राष्ट्र के लिए बहुत महत्वपूर्ण होती है, क्योंकि यह उसके स्वाभाविक अधिकार में होती है और जनता को उनके अधिकारों और कर्तव्यों की पहचान करने का अधिकार प्रदान करती है। स्वतंत्रता का मतलब सिर्फ राजनीतिक स्वतंत्रता ही नहीं होता, बल्कि यह व्यक्ति को अपने विचारों और आत्मविश्वास के साथ अपने जीवन का निर्माण करने का अधिकार भी प्रदान करती है।

जब एक राष्ट्र स्वतंत्र होता है, तो उसमें विचारशीलता का स्वाभाविक प्रवाह होता है। यह विचारशीलता उस समय की उस राष्ट्र की आत्मा बनती है जब लोगों को अपने विचारों को स्वतंत्रता से व्यक्त करने का अधिकार होता है। इससे उत्पन्न होने वाली विचारशीलता का सीधा संबंध स्वतंत्रता के साथ होता है। जब लोग अपने विचारों को स्वतंत्रता से व्यक्त कर सकते हैं, तो वह नए उपाय खोजते हैं, जो समृद्धि की दिशा में उन्नति की सीढ़ियों को खोल सकता है।

भारत एक ऐसा देश है जो सभी धरोहरों के साथ अपनी स्वतंत्रता को प्राप्त करने पर गर्व करता महसूस करता है। 1947 में भारत की स्वतंत्रता से विचारशीलता का अर्थ यह है कि इस से लोगों को अपने विचारों को स्वतंत्रता से व्यक्त करने का साहस होता है और वे नए और उन्नत विचारों का समर्थन

करने के लिए स्वयं को समर्थ महसूस करते हैं। इससे समाज में नए ढंग से सोचने का उपाय विकसित होता है, जिससे अनेक समस्याओं का समाधान निकलता है और समृद्धि की दिशा में प्रगति होती है।

स्वतंत्रता से विचारशीलता का मेल होना अत्यंत महत्वपूर्ण है और यह एक व्यक्ति को समृद्धि की दिशा में अग्रणी बना सकता है। एक विचारशील समाज में हर व्यक्ति को अपने विचारों को स्वतंत्रता से व्यक्त करने की स्वाधीनता और साहस मिलता है। विभिन्न सोच और विचारों के मेलजोल से समृद्धि की दिशा में नई दिशाएं खुलती हैं। स्वतंत्रता एक राष्ट्र को उसके नागरिकों के विचारों और आत्मविश्वास की संजीवनी होती है जो समृद्धि के मार्ग पर अग्रणी बनने में सहायक होती है।

स्वतंत्रता के बिना विचारशीलता भविष्य की संभावनाओं को कमजोर कर देती है। समाज में जागरूकता और साकारात्मक परिवर्तन के लिए स्वतंत्रता से भरा हुआ एक वातावरण होना आवश्यक है। जो राष्ट्र अपने नागरिकों को विचारशील बनाए रखने के लिए स्वतंत्र है, वह राष्ट्र ही अपने विकास के पथ में अग्रणी बनता है।

भारतीय समाज में, स्वतंत्रता के पश्चात ही विचारशीलता ने एक नया मुद्दा उठाया है और देश को एक नए दौर में ले जाने के लिए प्रमाणित सिद्ध हुआ है। स्वतंत्रता के पश्चात भी हमारे राष्ट्र ने विभिन्न क्षेत्रों में विचारशीलता को प्रोत्साहित किया है, जैसे कि विज्ञान, तकनीकी, साहित्य, कला, और राजनीति।

विचारशीलता से तात्पर्य नए और सुसंगत विचारों की दृष्टि से है, जो समस्याओं का समाधान करने और समृद्धि की दिशा में नए मार्ग के सुझाव की क्षमता प्रदान करते हैं। स्वतंत्रता से विचारशीलता तक पहुंचने की यात्रा एक सजीव प्रक्रिया है, जो समृद्धि और प्रगति की दिशा में एक सकारात्मक यात्रा है।

इस प्रकार, 'स्वतंत्रता से विचारशीलता' एक देश के विकास में महत्वपूर्ण भूमिका निभाती है, जो नागरिकों को उनके अधिकारों और कर्तव्यों की सही पहचान करने में सहायक होती है और विचारशीलता के माध्यम से समृद्धि की ऊँचाइयों की प्राप्ति में सहायता करती है।

एक समय की बात है, जब एक छोटे से गाँव में एक साधु बाबा रहते थे। उनका नाम स्वामी विचारानंद था। वह गांव वालों को सदैव ध्यान व मनन के लिए प्रेरित करते थे और उन्हें शिक्षा का महत्व समझाते थे। उनके संग रहने वाले लोग उनसे बहुत प्रभावित थे और उनकी शिक्षाओं के अनुसार ही सोचने और कार्य करने के लिए के लिए प्रेरित थे।

गाँव का एक युवक, मदन लाल भी उनमें से एक था। मदन लाल बहुमुखी प्रतिभा का मालिक एवं उत्साही प्रवृति का युवक था, किन्तु उसे आत्मनिर्भरता और स्वतंत्रता की महत्वपूर्णता का ठीक से आभास नहीं होता था। एक दिन, वह बाबा विचारानद से मिलकर अपनी कठिनाइयों की चर्चा करने के लिए उनके पास गया।

बाबा ने मुस्कुराते हुए उस से कहा, "मदन लाल, स्वतंत्रता और विचारशीलता एक अद्वितीय संबंध का भाग हैं। जब तुम स्वतंत्र होगे, तब ही तुम विचारशील बन सकोगे।"

मदन लाल ने बाबा से आश्चर्य से कहा, "किन्तु बाबा, स्वतंत्रता और विचारशीलता में क्या समानता है?"

इस पर बाबा ने उसे एक कहानी के माध्यम से समझाते हुए कहा, "एक बार एक पक्षी था, जिसका नाम चिड़िया था। चिड़िया स्वयं में स्वतंत्रता का आभास करना चाहती थी। एक दिन उसने सोचा, 'मैं ऊँचाई पर उड़ना चाहती हूँ।" किन्तु अपने छोटे से पंखों के कारण वो स्वतंत्रता से उड़ नहीं पा रही थी।

एक दिन, उसने एक उच्च बुर्ज पर बैठे हुए गाँव के एक लड़के को देखा, जो उड़ते हुए पक्षियों को देख रहा था। उसने उस लड़के से पूछा, "तुम यहां

क्यों बैठे हो?"

लड़के ने हंसते हुए उत्तर दिया, "मैं सोच रहा हूँ कि कैसे मैं भी इस बुर्ज से उड़ कर नीचे उतर सकता हूँ। जिससे कि मुझे भी इन पक्षियों जैसा स्वतंत्रता का आभास हो!"

चिड़िया ने कहा, "किन्तु, तुम्हारे पास तो बड़े पंख हैं और मैं छोटी सी हूँ। फिर मेरे पास इतने बड़े पंख भी नहीं हैं।"

लडके ने हंसते हुए उत्तर दिया, "चिड़िया, स्वतंत्रता तो उस आभास का नाम है, जिसका तुम्हें तब आभास होता है, जब तुम प्रयास से अपनी सीमाओं को पार करती हो और अपने सपनों की ऊँचाई तक पहुंचती हो। इसे प्राप्त कर लेती हो।"

तब बाबा ने मदन लाल से कहा, "मदन लाल ! तुम्हें स्वतंत्र होने के लिए अपनी सोच में सीमाओं को छोड़ना होगा। तुम्हें अपने सपनों की पूर्ति के लिए और जीवन में आगे बढ़ने के लिए स्वतंत्रता और विचारशीलता की आवश्यकता है। अपने मन की बातों को सुनना, समझना और उन्हें स्वतंत्रता से व्यक्त करना ही विचारशीलता का पहला कदम है।

मदन लाल ने बाबा की शिक्षा से प्रेरित होकर अपनी आत्मनिर्भरता की ओर कदम बढ़ाया। उसने गाँव में शिक्षा के प्रति जागरूकता उत्पन्न करने और अधिक प्रोत्साहन बढ़ाने के लिए एक समूह का गठन किया और स्कूलों में शिक्षकों को और छात्रों को सकारात्मकता और स्वतंत्रता के महत्व के विषय में शिक्षा देने का प्रयास किया।

उसने गांव वालों को अपने विचारों को स्वतंत्रता से व्यक्त करने के लिए प्रेरित किया और उन्हें नया सोचने के लिए प्रेरित किया। मदन लाल ने गाँव को एक ऐसे समृद्ध और विचारशील समुदाय में परिवर्तित करने के लिए एक प्रेरणा स्रोत बना दिया। इस प्रकार मदन लाल ने अपने गांव के साथ साथ ही समाज और देश के लिए भी एक प्रकार का उदाहरण प्रस्तुत किया।

इस से हमें इस बात का आभास होता है कि स्वतंत्रता और विचारशीलता एक दूसरे के साथ कैसे जुड़े हुए होते हैं और इन दोनों के संबंध से ही एक समृद्ध, सकारात्मक और विकसित समाज की दिशा में प्रगति हो सकती है।

सहानुभूति और समर्पण

मनोबल की शक्ति, सहानुभूति और समर्पण के बीच गहरा संबंध होता है। यह शक्ति हमारे मन की ऊर्जा है जो हमें किसी भी कार्य को पूरा करने की क्षमता प्रदान करती है। यह हमारे विचारों, भावनाओं और इच्छाओं को निर्देशित करने में हमारी सहायता करती है।

जब हम इस अद्भुत शक्ति को सहानुभूति और समर्पण के साथ जोड़ते हैं, तो हम अपने कार्यों में अधिक सफलता प्राप्त कर सकते हैं। सहानुभूति हमारी क्षमता है दूसरों की भावनाओं और अनुभवों को समझने की और उनके साथ संवाद करने की। यह हमें दूसरों के संगठनात्मक कौशल, अनुभव और विचारों को समझने में सहायता करती है।

जब हम सहानुभूति और समर्पण के साथ इस शक्ति का भी उपयोग करते हैं, तो हम अपने कार्यों में अधिक समर्पित होते हैं और उन्नति के लिए और भी अधिक प्रयास करने में सफल होते हैं। हम दूसरों के लिए अपनी सहानुभूति और समर्पण का भाव दिखाकर उनकी सहायता कर सकते हैं और इस प्रकार समाज में सकारात्मक परिवर्तन ला सकते हैं।

सहानुभूति और समर्पण के साथ इस शक्ति का उपयोग करने से सदैव ही हम अपने लक्ष्यों की प्राप्ति में सफलता प्राप्त कर सकते हैं। यह हमें आत्मविश्वास और संघर्ष की क्षमता प्रदान करता है और हमें अपने सपनों को पूरा करने के लिए प्रेरित करता है। इसलिए, मनोबल की शक्ति, सहानुभूति और समर्पण के साथ जुड़कर हमें अपने कार्यों में सफलता प्राप्त करने में सहायता करती है। यह हमें अपने और दूसरों के विकास के लिए सक्रिय

बनाती है और समाज में सकारात्मक परिवर्तन लाने मेंसहायता करती है।

जब हमारे पास मनोबल की शक्ति होती है, तो हम अपने लक्ष्य को प्राप्त करने के लिए अपार प्रयास कर सकते हैं। इसके साथ ही, सहानुभूति और समर्पण हमें दूसरों के दुख और संकट को समझने और उन्हें सहायता प्रदान करने की क्षमता प्रदान करते हैं।

जिस प्रकार एक व्यक्ति जो एक सामाजिक संगठन में कार्य करता है, वो अपने दृढ़ मनोबल की शक्ति का उपयोग करके अपने कार्य को सफलतापूर्वक पूरा कर सकता है। उसका मनोबल उसे अपार ऊर्जा और संघर्ष की शक्ति प्रदान करता है ताकि वह अपने लक्ष्य की प्राप्ति के लिए कठिनाइयों का सामना कर सके। इसके साथ ही, वह अपने साथी कर्मचारियों को प्रेरित करने के लिए भी मनोबल का उपयोग कर सकता है। इसके अतिरिक्त, जब वह व्यक्ति सहानुभूति और समर्पण के साथ काम करता है, तो वह अपने साथी कर्मचारियों के दुख और संकट को समझ सकता है और उन्हें सहायता प्रदान करने के लिए तत्पर रहता है। वह अपने साथी कर्मचारियों के साथ एक संघर्ष का और एकजुटता का अनुभव करता है और उन्हें मार्गदर्शन और समर्थन प्रदान करता है। इसके परिणामस्वरूप, उनके साथी कर्मचारियों को आत्मविश्वास और संघर्ष की शक्ति मिलती है जो उन्हें अपने कार्य को पूरा करने में उनकी सहायता करती है। इस तरह, मनोबल की शक्ति, सहानुभूति और समर्पण के साथ जुड़े हुए होती है और यह हमें अपने ऐच्छिक लक्ष्य की प्राप्ति के लिए अपार प्रयास करने के साथ ही दूसरों की सहायता करने की भी क्षमता प्रदान करती है।

हेलेन केलर, एक अमेरिकी महिला थी जो नून, 1880 में जन्मी थी और वह अपने बचपन में ही एक बीमारी के कारण बहरी और अंधी हो गई थी। हेलन की शक्तिशाली गुरु, आन असलेले, ने उसे बोलने और सुनने के लिए प्रेरित किया। उसने इसके लिए उसे इसका तरीका दिखाया और उसके

मनोबल को सहारा दिया।

इसके प्रतिउत्तर में हेलेन केलर ने भी अपने मनोबल की शक्ति का सबसे बेहतरीन उपयोग किया। उसने अपनी विकलांगता को एक शक्ति में बदला और निरंतरता से अपने लक्ष्यों की प्राप्ति के लिए प्रयत्नशील रूप से काम किया।

हेलेन केलर को उसके साथी आन एस्सेल ने सहानुभूति का आभास कराया। उन्होंने हेलेन के साथ उसकी विवशता एवं अक्षमता की सीमाएं पार करने में उसकी सहायता की और उसे उसके जीवन के प्रति एक नया दृष्टिकोण देने में सहायता की।

एक दिन, हेलेन केलर ने अपने साथी आन एस्सेल के साथ आइंस्टीनियम संगठन की स्थापना की, जो विकलांग लोगों की सहायता करने का उद्देश्य रखता है। इससे प्रमाणित होता है कि हेलेन का साहस एवं समर्पण सिर्फ अपने लाभ के लिए ही नहीं था, बल्कि उसने अपनी ऊर्जा और समय का बहु तांत्रिक उपयोग करके समाज के लिए भी कुछ करने का संकल्प किया।

इससे यह प्रमाणित होता है कि मनोबल, सहानुभूति और समर्पण एक व्यक्ति को उसमें असीम सामर्थ्य, सफलता और सामाजिक परिवर्तन में उसकी सहायता कर सकते हैं।

इसी प्रकार का उदाहरण है, एक गांव में एक बहुत ही निर्धन परिवार रहता था। उसके पास खाने के लिए भी कुछ नहीं था। उन्हें दिनभर परिश्रम करने के पश्चात कठिनाई से दिन का खाना उपलब्ध हो पाता था। एक दिन उन्हें अपने घर के पास एक छोटा सा बच्चा मिला। वह बच्चा बहुत दुखी और भूखा लग रहा था। निर्धन परिवार ने उस बच्चे को अपने घर में बुलाकर उसे प्यार से खाना खिलाया। उस दिन से ही जैसे उन लोगों की जिन्दगी में एक नया परिवर्तन आ गया। उनमें नई प्रकार की आशा का संचार हुआ। उन्हें अब

अपने घर के पास आने वाले बच्चों को खाना खिलाने में आनंद का अनुभव होने लगा। इसके लिए अंतप्रेरणा से ही उन्होंने अपने घर के बाहर एक छोटी सी दुकान खोल ली और उसमें खाने की वस्तुएं बेचने लगे।

इस प्रकार उन्होंने अपनी जिन्दगी में एक नई राह खोल दी। उन्होंने दूसरों की सहायता करना आरम्भ कर दिया था। उन्होंने अपने घर के पास आने वाले निर्धन लोगों को भी खाना खिलाना आरम्भ कर दिया था। इस प्रकार उन्होंने अपने जीवन में सहानुभूति और समर्पण की शक्ति का अनुभव किया। उन्होंने अपने मनोबल की शक्ति का इस प्रकार से उपयोग किया कि इस प्रकार उनके जीवन में एक नई राह खुल गई।

समस्याओं का सामना करना

एक बार एक विदेशी छात्र ने अपने देश से दूर एक अन्य देश में अपनी शिक्षा पूरी करने का निर्णय लिया। वह उस देश में नए लोगों, नई भाषा और नई संस्कृति से घिरा हुआ था। आरम्भ में उसे अपनी इस ज़िन्दगी से बहुत प्रसन्नता हुई, किन्तु शीघ्र ही उसे अपनी नई ज़िन्दगी में कुछ समस्याओं का सामना करना पड़ा। सबसे बड़ी समस्या तो उसके लिए यह थी कि उसे इस देश की भाषा नहीं आती थी और उसे कुछ भी बोलने, समझने या लिखने में बहुत कठिनाई का सामना करना पड़ रहा था। उसने सबसे बड़ी भूल यह की थी कि यहां आने से पूर्व उसने जहां की भाषा सीखने का कोई प्रयास नहीं किया था और अब उसे इस बात का बहुत पछतावा हो रहा था। दूसरी समस्या थी उसके लिए जहाँ की सभ्यता और संस्कृति की थी। उसे इस देश की सभ्यता एवं संस्कृति का कोई भी अनुभव नहीं था। तीसरी उसकी सबसे बड़ी समस्या थी नए लोगों से मेल मिलाप और उनसे बातचीत करना। नए लोगों से मिलने में आरम्भ में कुछ असुविधाएं हो रही थीं। उसे नए लोगों के साथ बात करने में कुछ झिझक सी महसूस होती थी।

जैसा कि कहते हैं, 'देर आयद, दुरुस्त आयद'। उसने इन सभी समस्याओं को एक चुनौती के रूप में स्वीकार करते हुए इन से निपटने का निश्चय किया। उसने वहाँ के लोगों से भी मेलजोल बढ़ाना आरम्भ कर दिया। उसने इस सम्बन्धमें अपने मित्रों से सहायता लेने का भी निर्णय लिया। इसके लिए सर्वप्रथम उसने अपने मित्रों और परिचितों को अपनी भाषा एवं संस्कृति के विषय में बताना आरम्भ किया और उनसे, उनकी भाषा एवं

संस्कृति के विषय में ज्ञानार्जन करने का प्रयास करने लगा। जिससे उसे साकारात्मक परिणाम प्राप्त होने लगा। उसने शीघ्र ही यहाँ की भाषा, सभ्यता एवं संस्कृति को सीखा और अपने आप में अपेक्षित सुधार कर लिया और वहाँ के निवासियों के साथ अच्छी प्रकार से घुलमिल गया।

इस प्रकार से, वह विदेश में अपनी नई ज़िन्दगी में समस्याओं का सामना करते हुए उन्हें हल करने के लिए अपनी सामर्थ्य एवं शक्तियों का उपयोग करता रहा। उसने अपने मनोबल से अपनी समस्याओं से निपटने के लिए अपनी निरंतर उत्सुकता और जीवन के लिए एक नए दृष्टिकोण का उपयोग करना आरम्भ कर दिया।

समस्याओं का सामना करना तो मनुष्य के लिए उसके जीवन का एक अभिन्न अंग है। हम सभी अपने जीवन में विभिन्न प्रकार की समस्याओं का सामना करते रहते हैं। ये समस्याएं छोटी भी हो सकती हैं, जैसे कि अपने घर के सामान को संभालना और बड़ी भी हो सकती हैं, जैसे कि नौकरी की तलाश या बच्चों की शिक्षा एवं परिवार के भरण पोषण के लिए उचित निधि का प्रबंधन करना।

समस्यायें छोटी हों या बड़ी, समस्याओं का सामना करना एक ऐसी कला है जो हमें जीवन में सफलता प्राप्त करने में सहायता करती है। इसके लिए हमें समस्याओं को गहराई से समझना और उन्हें हल करने के लिए उचित उपाय ढूंढना होता है। यदि हम समस्याओं को भली भाँती से समझ लें तो हम उन्हें हल करने के लिए उचित उपाय ढूंढ सकते हैं। इसके लिए हमें समस्याओं के कारणों को समझना होता है। जब हम समस्याओं के कारणों को समझ सकने में सफल हो जाते हैं तो तब हम उन्हें हल करने के लिए उचित उपाय भी ढूंढ सकते हैं।

उदाहरण के रूप में, यदि हम अपने घर के सामान को संभालने में किसी प्रकार की समस्या का सामना कर रहे हैं तो हमें समझना होगा कि इस

समस्या का कारण क्या है। क्या हम अपने सामान को संभालने के लिए उचित स्थान नहीं ढूंढ पा रहे हैं या क्या हमारे पास इसका कोई उचित संसाधन नहीं हैं।

जब हम इस समस्या के कारणों को समझ लेंगे तो तब हम उसका उचित समाधान भी ढूंढ सकेंगे। यदि हमारे पास इसके लिए उचित संसाधन नहीं हैं तो हम उचित संसाधन ढूंढ भी सकते हैं, जैसे कि अपने मित्रों या परिवार से इसके लिए उचित सहायता मांगना।

इसी प्रकार, यदि हम नौकरी की तलाश में हैं तो हमें यह भी समझना होगा कि हमारे पास कौन कौन सी योग्यता हैं और कौन सी नौकरियां हमारी योग्यता के अनुसार हमारे लिए सही हो सकती है। हम इसके लिए क्या प्रयास कर रहे हैं। इसके अतिरिक्त, हमें अपने जान पहचान के दायरे को बढ़ाने का भी प्रयास करना चाहिए, जिससे कि हमें नौकरी के विषय में सामयिक जानकारी भी मिल सके।

इसी प्रकार, यदि हम अपने बच्चों की शिक्षा के लिए उचित परवरिश की व्यवस्था करना चाहते हैं तो हमें इस बात को भी समझना होगा कि हमारे पास कितनी निधि है और कितनी निधि की हमें आवश्यकता है। इसके अतिरिक्त, हमें अपने बच्चों की शिक्षा के लिए अपनी आर्थिक स्थिति के अनुसार उचित योजना भी बनानी चाहिए।

समस्याओं का सामना करना हमारे जीवन में बहुत महत्वपूर्ण है। इसके लिए हमें समस्याओं को समझना और उन्हें हल करने के लिए उचित उपाय ढूंढना होता है और इसके लिए हमें आवश्यकता होती है पर्याप्त मनोबल की। इस से ही हम जीवन में अपेक्षित सफलता प्राप्त कर सकते हैं।

सामाजिक संबंध और मनोबल

सामाजिक संबंध और मनोबल दो ऐसे तत्व हैं जो हमारे जीवन में बहुत महत्वपूर्ण होते हैं। सामाजिक संबंध हमारे जीवन का एक मुख्य भाग होते हैं जो हमें अपने आस-पास के लोगों से जोड़ते हैं। इन संबंधों के माध्यम से हम अपने जीवन में खुशहाली और समृद्धि की ओर बढ़ते हैं।

सामाजिक संबंधों को बनाए रखने के लिए हमें अपने आस-पास के लोगों के साथ मेल-मिलाप बनाये करना चाहिए। इससे हम उन्हें अपने जीवन के विषय में बता सकते हैं और उनके जीवन के विषय में भी जान सकते हैं। इससे हम अपने सामाजिक संबंधों को शक्तिशाली बना सकते हैं।

मनोबल हमारे जीवन में बहुत ही महत्वपूर्ण होता है। यह हमारी मानसिक शक्ति होती है, जो हमें हमारे जीवन के हर क्षेत्र में सफलता प्राप्त करने में हमारीं सहायता करती है। मनोबल हमें जीवन में अपने लक्ष्यों की ओर बढ़ने में सहायता करता है और उन्हें प्राप्त करने के लिए हमें आवश्यक उत्साह देता है।

मनोबल को बढ़ाने के लिए हमें अपने आस-पास के लोगों से सहयोग करना चाहिए। इससे हम उनके साथ अच्छे संबंध बना सकते हैं और उन से सहयोग प्राप्त कर सकते हैं। इससे हमारा मनोबल बढ़ता है और हम अपने लक्ष्यों की ओर बढ़ सकते हैं। इस प्रकार, सामाजिक संबंध और मनोबल दो ऐसे तत्व हैं जो हमारे जीवन में बहुत महत्वपूर्ण होते हैं। हमें इन तत्वों को बनाए रखने के लिए अपने आस-पास के लोगों से अच्छे सम्बन्ध बनाये रखने चाहिए और अपने मनोबल को बढ़ाने के लिए एक दूसरे से सहयोग

लेना और देना चाहिए।

एक उदाहरण के रूप में, एक व्यक्ति जो अपने सामाजिक संबंधों को मजबूत बनाता है वह अपने परिवार के सदस्यों के साथ नियमित रूप से समय बिताता है, उनके साथ खुशियों और दुःखों को साझा करता है और उनकी सहायता करता है जब वे उसे चाहते हैं। इस तरह के सामाजिक संबंध उदाहरण में, व्यक्ति का मनोबल बढ़ता है क्योंकि और इस प्रकार उन्हें एक समर्पित और सहायता पूर्ण समुदाय का समर्थन मिलता है।

दूसरे उदाहरण के रूप में, एक छात्र जो अपने सामाजिक संबंधों को मजबूत बनाता है, वह अपने स्कूल में एक सक्रिय सदस्य होता है। वह अपने सहपाठियों के साथ मिल जुलकर काम करता है, इसे साझा करता है और उनकी सहायता करता है। इस तरह के सामाजिक संबंध के उदाहरण में, छात्र का मनोबल बढ़ता है क्योंकि इससे उन्हें एक समर्पित और सहायता पूर्ण समुदाय का समर्थन मिलता है और वे अपने अध्ययन में भी सफलता प्राप्त करते हैं।

तीसरे उदाहरण के रूप में, एक व्यापारी जो अपने सामाजिक संबंधों को मजबूत बनाता है वह अपने ग्राहकों के साथ नियमित रूप से संपर्क में रहता है, उनकी आवश्यकताओं को समझता है और उन्हें उनकी प्राथमिकताओं के अनुसार सेवा प्रदान करता है। इसका उसे साकारात्मक परिणाम प्राप्त होता है। इस तरह के सामाजिक संबंध के उदाहरण में, व्यापारी का मनोबल बढ़ता है, क्योंकि इससे उन्हें एक दुनिया और संवेदनशील समुदाय का समर्थन मिलता है और उनका व्यापार भी उनकी सेवाओं की मांग के अनुसार बढ़ता है।

प्रसंगवश, एक बार की बात है, एक गांव में एक बहुत ही निर्धन परिवार रहता था। उसके पास खाने के लिए भी पर्याप्त धन नहीं था। उसके दो बच्चे थे, एक बेटा और एक बेटी। एक दिन, उस निर्धन परिवार के बच्चों ने अपने

माता-पिता से कहा, "हमें भूख लगी है और हमारे पास खाने के लिए कुछ भी नहीं है। क्या हम अपने पड़ोसी के यहां खाने के लिए जा सकते हैं?"

माता-पिता ने बच्चों की बात ध्यान से सुनी और उन्हें खाने के लिए अपने पड़ोसी के घर भेज दिया। पड़ोसी ने बड़ी प्रसन्नता से उनका स्वागत किया और उन्हें अपने घर में खाना खिलाया।

इसके पश्चात से, दोनों परिवारों में आपस में मेलमिलाप बढ़ गया और उन दोनों परिवारों के बच्चे प्रतिदिन एक साथ खेलने लगे। इससे वो सब एक दूसरे के साथ बहुत अच्छे मित्र भी बन गए। अब दोनों परिवारों के बच्चे साथ में पढ़ाई करते, खेलते और एक दूसरे की सहायता करते थे।

धीरे-धीरे, दोनों परिवारों के बीच एक गहरा सामाजिक संबंध बन गया। वो एक दूसरे की सहायता करने के लिए सदैव तैयार रहते थे और एक दूसरे के साथ मिलकर अपना सुख दुःख बांटते थे।

एक दिन क्या हुआ कि निर्धन परिवार के बच्चे ने अपने मित्र से कहा, "मेरे पास एक बहुत अच्छी योजना है। इससे मैं अपने परिवार की सहायता करने के लिए एक नया व्यापार आरम्भ करना चाहता हूं।"

उसके मित्र ने ध्यानपूर्वक उसकी बात सुनी और उसे अपना समर्थन दिया। उसने अपने मित्र को उसके व्यापार के लिए कुछ पैसे दिए। निर्धन परिवार के बच्चे ने उस पैसे का सदुपयोग उपयोग करके अपना व्यापार आरम्भ किया। धीरे-धीरे उसका व्यापार बढ़ता चला गया। वह अच्छी कमाई भी करने लगा और अपने परिवार की सहायता करने के लिए अधिक से अधिक पैसे भी जमा करने लगा।

इससे उसके परिवार में उन्नति तथा प्रसन्नता का समावेश हुआ और इस प्रकार दोनों ही परिवार प्रसन्नतापूर्वक अपना जीवन यापन करने लगे।

इस से हमें यह देखने को मिलता है कि सामाजिक संबंध और हमारा मनोबल हमें आगे बढ़ने में किस प्रकार से सहायता कर सकते हैं। जब हम

दूसरों की सहायता करते हैं और उनके साथ मिलजुल कर काम करते हैं, तो हम स्वयमेव ही उन्नति की ओर अग्रसर होते जाते हैं और अपने लक्ष्यों को प्राप्त करने में सफल हो सकते हैं।

स्वयं नियंत्रण और आत्म निगरानी

मनोबल की शक्ति व्यक्ति के जीवन में बहुत महत्वपूर्ण होती है। यह उसकी सफलता और खुशहाली का मूल है। इसलिए, स्वयं नियंत्रण और आत्म निगरानी एक व्यक्ति के मनोबल को बढ़ाने में सहायता करते हैं। आत्म निगरानी यह एक ऐसी क्षमता है जो व्यक्ति को अपने विचारों, भावनाओं और कार्यों के विषय में सचेत रखने में सहायता करती है। इसके लिए, व्यक्ति को अपने विचारों को नियंत्रित करना चाहिए। वह अपने विचारों को सकारात्मक बनाने के लिए अपने आसपास के संदर्भों को देखने का प्रयास कर सकता है। इसके लिए वह अपनी ध्यान देने की क्षमता विकसित कर सकता है।

एक उदाहरण के रूप में, एक व्यक्ति जो अपने विचारों को नियंत्रित नहीं करता है, उसे अपने आसपास के संदर्भों से जुड़े विचारों से घिरा होने का आभास होता है। इससे उनका मनोबल शिथिल हो जाता है और वह अपने लक्ष्य को प्राप्त करने में असमर्थ हो जाता है। स्वयं नियंत्रण एक ऐसी क्षमता है जो व्यक्ति को अपने कार्यों को नियंत्रित करने में उसकी सहायता करती है। इसके लिए, व्यक्ति को अपने लक्ष्य को स्पष्ट करना चाहिए। उसे अपने कार्यों के लिए एक निर्धारित समय सारणी बनानी चाहिए और उसे अपने कार्यों को समय पर पूरा करने के लिए इसका अनुपालन करना चाहिए। वो व्यक्ति, जो स्वयं को नियंत्रण नहीं करता है, उसे अपने कार्यों को समय पर पूरा नहीं कर पाने का भय रहता है। इससे उनका मनोबल शिथिल हो जाता है और आत्म निगरानी व्यक्ति के मनोबल को बढ़ाने में सहायता करते हैं। इन दोनों क्षमताओं को विकसित करने के लिए व्यक्ति को ध्यान देने की क्षमता

विकसित करनी चाहिए। इसके लिए, वह अपने आसपास के संदर्भों को देखने का प्रयास कर सकता है और अपने विचारों को सकारात्मक बनाने के लिए उन्हें नियंत्रित कर सकता है।

एक बार की बात है, एक विदेशी यात्री एक गांव में घूमने के लिए आया। वह गांव बहुत ही सुंदर और शांतिपूर्ण था। यात्री ने गांव के एक बुजुर्ग से पूछा कि इस गांव के सौंदर्य और शान्ति का रहस्य क्या है, जो यहां की इतनी प्रसन्नता और शांति का कारण बनता है। बुजुर्ग ने कहा, "यहां के लोगों का मनोबल बहुत ढृढ़ है और इसका रहस्य है 'स्वयं नियंत्रण और आत्म निगरानी'।

इस के संदर्भ में मैं तुम्हें एक कहानी सुनाता हूं जो इस बात को तुम्हें भली भाँती से समझाएगी।" तब उसने कहना आरंभ किया, 'बहुत समय पहले, एक राजा ने अपने राज्य में एक राज महल बनवाया। उसने राज महल के आस-पास एक बगीचा भी बनवाया। बगीचे में अनेक प्रकार के सुंदर फूल थे और वहां के विशाल वृक्ष भी फूलों की भांति ही बहुत सुंदर थे।

एक दिन राजा ने अपने राजमहल की बालकनी से बगीचे का सुंदर दृश्य देखा और बहुत प्रसन्न हुआ। किन्तु कुछ दिन पश्चात एक दिन जब राजा ने फिर से अपने राजमहल की बालकनी से अपने बगीचे का दृश्य देखा तो देखा कि इसके कुछ फूल धीरे-धीरे सूख रहे हैं।

राजा ने तत्पश्चात दूसरे वृक्षों को भी देखा और देखा कि वे भी धीरे-धीरे सूख रहे हैं। राजा ने अपने विशेषज्ञों को बुलाया और उनसे पूछा कि इसका क्या कारण हो सकता है। विशेषज्ञों ने कुछ देर के सोच विचार करने के पश्चात राजा को बताया कि इसका एक ही कारण है, वो यह है कि बगीचे में एक जादुई पेड़ है, जिसके फलों को खाने से लोग अपने मन को नियंत्रित कर सकते हैं। इतना सुनना था कि राजा ने तत्पश्चात इस पेड़ को ढूंढने का आदेश दिया।

वहाँ बगीचे में एक यात्री भी आया हुआ था, उसने जब राजा के आदेश को सुना तो वह तत्काल ही उस पेड़ को ढूंढने के लिए निकल पड़ा। वह दिन-रात उस पेड़ को ढूंढता रहा, किन्तु वह जादुई पेड़ उसे नहीं मिला। तब एक दिन वह यात्री घूमते घूमते एक बुजुर्ग आदमी से मिला और उसने अपनी समस्या उस बुजुर्ग आदमी को कह सुनाई। यात्री की पूरी बात सुन कर उस बुजुर्ग आदमी ने उसे इस का हल बताते हुए कहा उससे कहा कि जादुई पेड़ ढूंढने के लिए उसे अपने मन के आवेग को नियंत्रित करना होगा। तब उसे यह जादुई पेड़ मिल सकता है। इस पर उस यात्री ने उस बुजुर्ग से पूछा कि वह इसे कैसे कर सकता है।

इस पर बुजुर्ग आदमी ने उस यात्री से कहा, "जब तुम प्रसन्न होते हो, तो तुम्हारा मन शांत और शक्तिशाली होता है। जब तुम दुखी होते हो, तो तुम्हारा मन शिथिल होता है। इसलिए, तुम्हें सदैव प्रसन्न रहना चाहिए और अपने मन को अपने नियंत्रण में रखना चाहिए। इसी से तुम्हें उस जादुई पेड़ की प्राप्ति होगी।"

यात्री ने बुजुर्ग की बात को मान लिया और वह फिर बगीचे में वापस लौट आया। तब से वह निरंतर अपने आप को प्रसन्न रहने और मन को नियंत्रण में रखने का प्रयास करने लगा। इस प्रकार उसके निरंतर अभ्यास से उसका मन शांत रहने लगा और पूर्णतया नियंत्रण में भी हो गया। और उसने अपने दृढ़ मनोबल और प्रयास से उस जादुई पेड़ को ढूंढने में सफलता प्राप्त कर ली।

उस दिन के पश्चात महल के बगीचे के साथ साथ ही वो राज्य भी सदा हरा भरा रहने लगा। अब राज्य की खुशहाली का राज जो वहाँ के निवासियों को पता चल गया था।

यह कहानी हमें दिखाती है कि जब हम अपने मन को अपने नियंत्रण में कर लेते हैं और सदा प्रसन्नचित रहते हैं, तो उस समय हमारा मनोबल भी

बहुत शक्तिशाली होता है। इसलिए, 'स्वयं नियंत्रण और आत्म निगरानी' मनोबल की शक्ति को बढ़ाने में बहुत सहायक होता है।

कल्पना शक्ति और मनोबल की शक्ति

मनोबल कल्पना शक्ति का आधार है। मनोबल एक व्यक्ति की मानसिक शक्ति होती है जो उसे अपने मन की शक्तियों का उपयोग करके विभिन्न कार्यों को करने में सक्षम बनाती है। इसके द्वारा व्यक्ति अपनी कल्पना शक्ति का उपयोग करके नए विचारों, आविष्कारों और कार्यों को सृजनात्मक रूप से व्यक्त कर सकता है।

यदि मनुष्य का मनोबल दृढ़ होगा तो उस की कल्पना शक्ति भी दृढ़ होगी। दृढ़ मनोबल के होने से ही मनुष्य कोई भी कल्पना कर पाने में सक्षम होगा। नील आर्मस्ट्रांग का यदि मनोबल शक्तिशाली नहीं होता तो उसकी कभी चांद पर जाने की कल्पना भी नहीं होती।

मनुष्य का मनोबल ही होता है जो उसको साहसिक कार्य करने के लिए प्रेरित करता है। कोई भी साकारात्मक कार्य हो या नकारात्मक उसके लिए अपने पक्ष में अपेक्षित परिणाम की संरचना की कल्पना उभरती है और तब ही सभी कुछ कार्यान्वित होता है। वास्तव में देखा जाए तो कल्पना शक्ति का आधार मनोबल ही होता है।

एक बार एक अमेरिकी विजेता ने अपनी जीत की कहानी सुनाई। वह एक बहुत बड़े टेनिस टूर्नामेंट में खेल रहा था और उसे एक बहुत तकलीफदेह खिलाड़ी के साथ खेलना था। उस खिलाड़ी को देखकर वह बहुत डर गया था क्योंकि वह बहुत शक्तिशाली था और उसका खेलने का ढंग भी बहुत अच्छा था। खेल आरम्भ हो गया और वह खिलाड़ी उसे बहुत तकलीफ दे रहा था। इससे वह बहुत थक गया था और उसे लग रहा था कि वह हार जाएगा। तभी

उसने अपने मनोबल को दृढ़ किया और अपनी कल्पना शक्ति का सहारा लिया। वह सोचने लगा कि वह जीत सकता है और उसने अपने मन में एक नया खेल खेलना आरम्भ कर दिया। उसने अपने खेलने के ढंग को सुधारने और अपने खेल को अच्छा बनाने के लिए नए तरीकों का उपयोग किया।

उसने अपनी कल्पना शक्ति का उपयोग करके खेल जीत लिया और टूर्नामेंट भी जीत गया। इस से यह बात स्पष्ट है कि मनोबल की शक्ति कितनी महत्वपूर्ण होती है और इसका उपयोग करके हम अपने लक्ष्यों को प्राप्त कर सकते हैं।

मनुष्य का मन उसकी शक्ति का सबसे महत्वपूर्ण स्रोत होता है। इसलिए, मनोबल की शक्ति बहुत महत्वपूर्ण होती है। मनोबल की शक्ति मनुष्य को कल्पना को नई ऊर्जा प्रदान करती है और फिर जैसे ही कल्पना को शक्ति के पंख मिलते हैं तो उसको सफलता को एक नई उड़ान मिल जाती है। इस शक्ति के विषय में बहुत से लोगों को तब अनुभव होता है जब वे अपने मन को नियंत्रित करते हैं तो वे कुछ भी कर सकते हैं। इससे ही हमें अपने मन को नियंत्रित करने की क्षमता भी प्राप्त होती है।

इसके द्वारा ही हम अपने मन को एक विशिष्ट ध्येय की ओर ले जाते हैं और उसे पूरा करने के लिए उसमें जोश भरते हैं। इस शक्ति के द्वारा हम अपने सपनों को साकार कर सकते हैं और अपने जीवन को श्रेष्ठतर बना सकते हैं। कल्पना शक्ति का उपयोग करने के लिए हमें अपने मन को नियंत्रित करना सीखना होगा और इसके लिए हमें ध्यान करना होगा।

कल्पना शक्ति का उपयोग करने के लिए हमें अपने सपनों को साकार करने के लिए अपने मन को एक विशिष्ट ध्येय की ओर ले जाना होगा। इसके पश्चात हमें उस ध्येय को पूरा करने के लिए उसमें जोश भरना होगा। तभी इस शक्ति का उपयोग करने से हम अपने जीवन में सफलता प्राप्त कर सकते हैं।

कल्पना शक्ति एक ऐसी शक्ति है जो हमें अपने मन को नियंत्रित करने की क्षमता देती है। इसके द्वारा हम अपने सपनों को साकार कर सकते हैं।

स्वास्थ्य और ध्यान

इस श्रेणीमें ध्यान की महत्वता और स्वास्थ्य के साथ इसके संबंध की विस्तार से विवेचना की जा सकती है। ध्यान के अभ्यास के लाभ और इसकी विशेषताओं की चर्चा की जा सकती है।

ध्यान और स्वास्थ्य के बीच संबंध की खोज आज की तेज-तर्रार दुनिया में, जहां तनाव और चिंता हमारे दैनिक जीवन का एक विशेष भाग बन गए हैं, अच्छे स्वास्थ्य को बनाए रखने का महत्व कभी इतना महत्वपूर्ण नहीं रहा है। समग्र कल्याण प्राप्त करने के सबसे प्रभावी उपायों में से एक उपाय ध्यान का अभ्यास है। ध्यान एक प्राचीन अभ्यास है, जिसका उपयोग सदियों से विश्राम को बढ़ावा देने, तनाव को कम करने और मानसिक स्पष्टता में सुधार करने के लिए किया जाता रहा है। इस लेख में, ध्यान और स्वास्थ्य के बीच के संबंध का पता लगाने का प्रयास किया गया है। यहां पर हम उन विभिन्न तरीकों पर चर्चा करेंगे जिनसे ध्यान हमारे शारीरिक, मानसिक और भावनात्मक कल्याण को लाभ पहुंचा सकता है।

ध्यान एक अभ्यास है, जिसमें मानसिक स्पष्टता और भावनात्मक शांति की स्थिति प्राप्त करने के लिए मन को किसी विशेष वस्तु, विचार या गतिविधि पर केंद्रित किया जाना सम्मिलित है। ध्यान के कई अलग-अलग रूप हैं, जिनमें माइंडफुलनेस मेडिटेशन, प्रेम-कृपा ध्यान और ट्रान्सेंडैंटल मेडिटेशन सम्मिलित हैं, जिनमें से प्रत्येक के अपने अनूठे लाभ और तकनीक हैं। ध्यान के विशिष्ट रूप के बावजूद, अंतर्निहित लक्ष्य एक ही है: मन को शांत करना, विकर्षणों को कम करना और आंतरिक शांति की भावना को

पैदा करना।

ध्यान के सबसे अच्छी तरह से प्रलेखित लाभों में से एक इसकी तनाव और चिंता को कम करने की क्षमता है। अध्ययनों से पता चला है कि नियमित ध्यान अभ्यास से शरीर में कोर्टिसोल, तनाव हार्मोन का स्तर कम हो सकता है, जिससे चिंता और तनाव की भावनाओं में कमी आती है। मन को शांत करके और विश्राम को बढ़ावा देकर, ध्यान व्यक्तियों को जीवन के दैनिक दबावों से निपटने में सहायता कर सकता है और उनके कल्याण की समग्र भावना में सुधार कर सकता है।

तनाव कम करने के अतिरिक्त, ध्यान का शारीरिक स्वास्थ्य पर भी सकारात्मक प्रभाव देखा गया है। शोध में पाया गया है कि ध्यान रक्तचाप को कम कर सकता है, हृदय स्वास्थ्य में सुधार कर सकता है और प्रतिरक्षा प्रणाली को बढ़ावा दे सकता है। विश्राम को बढ़ावा देकर और शरीर की तनाव प्रतिक्रिया को कम करके, ध्यान हृदय रोग, मधुमेह और पुराने दर्द सहित विभिन्न स्वास्थ्य समस्याओं को रोकने में सहायता कर सकता है। वास्तव में, कुछ अध्ययनों ने यह भी सुझाव दिया है कि नियमित ध्यान अभ्यास से मनुष्य की आयु बढ़ सकती है और इससे जीवन की समग्र गुणवत्ता में सुधार हो सकता है।

इसके अतिरिक्त, ध्यान का मानसिक स्वास्थ्य पर गहरा प्रभाव पाया गया है। अध्ययनों से पता चला है कि ध्यान एकाग्रता, स्मृति और संज्ञानात्मक कार्य में सुधार कर सकता है, इसके साथ ही यह अवसाद और चिंता के लक्षणों को भी कम कर सकता है। मन को शांत करके और सचेतनता को बढ़ावा देकर, ध्यान व्यक्तियों को आत्म-जागरूकता और भावनात्मक लचीलेपन की श्रेष्ठतर भावना को विकसित करने में सहायता कर सकता है। इससे आपसी संबंधों में सुधार हो सकता है, प्रसन्नतायें बढ़ सकती हैं और समग्र कल्याण की भावना में भी वृद्धि हो सकती है।

ध्यान के प्रमुख लाभों में से एक इसकी आंतरिक शांति और आध्यात्मिक संबंध की भावना को बढ़ावा देने की क्षमता है। मन को शांत करके और वर्तमान क्षण पर ध्यान केंद्रित करके, ध्यान व्यक्तियों को आत्म–जागरूकता और उनके आसपास की दुनिया से जुड़ाव की गहरी भावना पैदा करने में सहायता कर सकता है। इससे जीवन में उद्देश्य और अर्थ के प्रति अधिक समझ पैदा हो सकती है और साथ ही दुनिया की सुंदरता और आश्चर्य के प्रति भी अधिक आकर्षण हो सकता है।

इसके लिए प्रतिदिन सुबह सूर्योदय के समय उठकर योग और मेडिटेशन का अभ्यास किया जा सकता है। इससे सुख, शान्ति और तनावमुक्त जीवन का अनुभव हो सकता है।

ध्यान के अभ्यास से शारीरिक और मानसिक स्वास्थ्य दोनों के लिए व्यापक लाभ हैं। विश्राम को बढ़ावा देने, तनाव को कम करने और समग्र कल्याण में सुधार करके, ध्यान व्यक्तियों को प्रसन्न, स्वस्थ और अधिक पूर्ण जीवन जीने में सहायता कर सकता है। चाहे आप ध्यान में नए हों या वर्षों से अभ्यास कर रहे हों, ध्यान को अपनी दिनचर्या में सम्मिलित करने से आपके स्वास्थ्य और कल्याण पर गहरा प्रभाव पड़ सकता है। इससे अभ्यार्थी के मनोबल में पर्याप्त वृद्धि होती है।तो क्यों न अपने मन को शांत करने, अपनी सांसों पर ध्यान केंद्रित करने और आंतरिक शांति और सुकून की भावना पैदा करने के लिए प्रति दिन कुछ मिनट का समय निकाला जाए? आपका शरीर और दिमाग इसके लिए आपको धन्यवाद देंगे।

संतुलित जीवनशैली

आज की तेज-तर्रार दुनिया में मनुष्य के लिए संतुलित जीवन शैली बनाए रखना पहले से कहीं अधिक महत्वपूर्ण हो गया है। एक संतुलित जीवन शैली वह है जहां एक व्यक्ति अपनी शारीरिक और मानसिक स्वास्थ्य का ध्यान रखने के साथ-साथ अपनी व्यक्तिगत, व्यावसायिक और सामाजिक जिम्मेदारियों को निभाने में भी सक्षम होता है। यह जीवन के सभी पहलुओं में सामंजस्य और संतुलन स्थापित करने के विषय में होने के साथ साथ ही समग्र प्रसन्नता और कल्याण के लिए भी आवश्यक है।

ऐसी कई तकनीकें और प्रथाएं हैं जो व्यक्तियों को संतुलित जीवन शैली प्राप्त करने में सहायता कर सकती हैं। संतुलित जीवन शैली का एक प्रमुख घटक है समय प्रबंधन। प्रभावी समय प्रबंधन में प्राथमिकताएं निर्धारित करना, एक कार्यक्रम बनाना और उस पर टिके रहना सम्मिलित है। अपने समय का प्रभावी ढंग से प्रबंधन करके, व्यक्ति यह सुनिश्चित कर सकते हैं कि उनके पास काम, परिवार, मित्रों, रुचि और आत्म-देखभाल के लिए पर्याप्त समय है या नहीं।

संतुलित जीवन शैली का एक अन्य महत्वपूर्ण पहलू तनाव प्रबंधन है। तनाव जीवन का एक विशेष भाग है, किन्तु बहुत अधिक तनाव शारीरिक और मानसिक स्वास्थ्य दोनों पर ही नकारात्मक प्रभाव डाल सकता है। तनाव को प्रबंधित करने के लिए, व्यक्ति गहरी साँस लेने, ध्यान या योग जैसी विश्राम की तकनीकों का अभ्यास कर सकते हैं। वे उन गतिविधियों में भी सम्मिलित हो सकते हैं जिनमें उन्हें आनंद आता है, जैसे पढ़ना, संगीत

सुनना या प्रकृति में समय बिताना।

शारीरिक स्वास्थ्य भी संतुलित जीवन शैली का एक महत्वपूर्ण घटक है। शारीरिक स्वास्थ्य को बनाए रखने के लिए नियमित व्यायाम, स्वस्थ आहार और पर्याप्त नींद सभी अत्यंत महत्वपूर्ण हैं। व्यायाम न केवल शरीर को सही आकार में रखने में सहायता करता है, बल्कि यह एंडोर्फिन भी जारी करता है, जो रसायन मूड में सुधार करते हैं और तनाव को कम करते हैं। फलों, सब्जियों, साबुत अनाज और दुबले प्रोटीन से भरपूर संतुलित आहार खाने से शरीर को ठीक से काम करने के लिए आवश्यक पोषक तत्व मिल सकते हैं। मनुष्य के लिए पर्याप्त नींद लेना भी समग्र स्वास्थ्य के लिए आवश्यक है क्योंकि यह शरीर को आराम और रिचार्ज करने की अनुमति देता है।

काम और व्यक्तिगत जीवन के बीच संतुलन बनाये रखना संतुलित जीवन शैली का एक और महत्वपूर्ण पहलू है। बहुत से लोग काम के अतिरिक्त अपने लिए समय निकालने के लिए संघर्ष करते हैं, जिसके कारण वे थके हुए और दुखी होते हैं। काम और व्यक्तिगत जीवन के बीच सीमाएँ निर्धारित करना और आत्म-देखभाल और विश्राम को प्राथमिकता देना भी बहुत महत्वपूर्ण है। इसमें अपनी रुचि के लिए समय निकालना, प्रियजनों के साथ समय बिताना, या तरोताजा होने के लिए छुट्टियां लेना सम्मिलित हो सकता है।

संतुलित जीवन शैली के लिए शारीरिक स्वास्थ्य के साथ-साथ मानसिक स्वास्थ्य भी उतना ही महत्वपूर्ण है। किसी के मानसिक स्वास्थ्य की देखभाल में भावनाओं को प्रबंधित करना, तनाव से निपटना और आवश्यकता पड़ने पर सहायता मांगना सम्मिलित है। व्यक्ति अपनी भावनाओं और विचारों को संसाधित करने में सहायता के लिए माइंडफुलनेस, जर्नलिंग या थेरेपी का अभ्यास कर सकते हैं। सामाजिक संपर्क बनाए रखना और आवश्यकता पड़ने पर मित्रों, परिवार या मानसिक

स्वास्थ्य व्यवसायिकों से सहायता लेना भी महत्वपूर्ण है।

समाधान और आत्मिक सोच

समाधान आत्मिक सोच विषय के माध्यम से इस श्रेणी में समस्याओं के समाधान के लिए सोचने की अद्भुतता का विस्तार से विवेचन किया जा सकता है। इसके साथ ही समाधान, आत्मिक सोच की महत्वपूर्णता और इसके अभ्यास की तकनीकों की चर्चा भी इस श्रेणी में की जा सकती है।

आज की तेज-तर्रार दुनिया में, जहां तनाव और चिंता हमारे जीवन का एक प्रमुख भाग बन गए हैं, समाधान-उन्मुख मानसिकता विकसित करना पहले से कहीं अधिक महत्वपूर्ण हो गया है। समाधान-उन्मुख मानसिकता, जिसे समस्या-समाधान मानसिकता के रूप में भी जाना जाता है, समस्याओं पर ध्यान केंद्रित करने के स्थान पर समाधान तलाश करने पर ध्यान केंद्रित करने की क्षमता है। यह मानसिकता न केवल हमें चुनौतियों से अधिक प्रभावी ढंग से निपटने में हमारी सहायता करती है बल्कि हमारे मानसिक स्वास्थ्य और समग्र कल्याण पर भी सकारात्मक प्रभाव डालती है।

समाधान-उन्मुख मानसिकता के महत्व को कभी भी कम करके नहीं आंका जा सकता। जब कभी किसी समस्या या कठिन परिस्थिति का सामना करना पड़ता है, तो हमारी स्वाभाविक प्रवृत्ति नकारात्मक पहलुओं पर ध्यान केंद्रित करने और हताशा, क्रोध या असहायता की भावनाओं में फंसने की होती है। यह नकारात्मक सोच तनाव और चिंता को नीचे की ओर ले जा सकती है, जिससे समस्या से बाहर निकलने का रास्ता ढूंढना और भी कठिन हो जाता है।

दूसरी ओर, समाधान-उन्मुख मानसिकता हमें आशावाद और आत्मविश्वास की भावना के साथ चुनौतियों का सामना करने की अनुमति देती है। हम समस्या में उलझने के बजाय व्यावहारिक और प्रभावी समाधान खोजने पर ध्यान केंद्रित करते हैं। यह सक्रिय दृष्टिकोण न केवल हमें बाधाओं पर अधिक तीव्रता से नियंत्रण पाने में सहायता करता है बल्कि हमारे आत्मसम्मान और लचीलेपन को भी बढ़ाता है।

समाधान-उन्मुख मानसिकता का एक प्रमुख लाभ यह है कि यह हमें जीवन के प्रति अधिक सकारात्मक दृष्टिकोण विकसित करने में हमारी सहायता करता है। समस्याओं के बजाय समाधानों पर ध्यान केंद्रित करके, हम अपने दिमाग को हर स्थिति में अवसरों और संभावनाओं की तलाश करने के लिए प्रशिक्षित करते हैं। यह सकारात्मक सोच न केवल हमें चुनौतियों से अधिक प्रभावी ढंग से निपटने में सहायता करती है बल्कि हमारी समग्र भलाई की भावना को भी आगे बढ़ाती है।

इसके अतिरिक्त, समाधान-उन्मुख मानसिकता दूसरों के साथ हमारे संबंधों पर गहरा प्रभाव डाल सकती है। जब हम संघर्षों या असहमतियों को समाधान-उन्मुख मानसिकता के साथ देखते हैं, तो हमें आम स्थान तलाश करने और पारस्परिक रूप से लाभप्रद समाधान की दिशा में काम करने की अधिक संभावना होती है। इससे न केवल हमारे सम्बन्ध दृढ़ होते हैं बल्कि सहयोग और टीम वर्क की भावना भी बढ़ती है।

व्यक्तिगत स्तर पर इसके लाभों के अतिरिक्त, समाधान-उन्मुख मानसिकता समग्र रूप से समाज पर भी सकारात्मक प्रभाव डाल सकती है। लोगों की समस्याओं पर ध्यान केंद्रित करने के स्थान पर समाधान तलाश करने पर ध्यान केंद्रित करने के लिए प्रोत्साहित करके, हम नवाचार और प्रगति की संस्कृति बना सकते हैं। यह मानसिकता व्यक्तियों और समुदायों को समान लक्ष्यों की दिशा में मिलकर काम करने और दुनिया में

सकारात्मक परिवर्तन लाने के लिए प्रेरित कर सकती है। तो फिर हम अपने दैनिक जीवन में समाधान-उन्मुख मानसिकता कैसे विकसित कर सकते हैं? इस महत्वपूर्ण योग्यता को विकसित करने में यहां कुछ सुझाव दिए गए हैं:

1. समाधान पर ध्यान दें, समस्या पर नहीं: जब किसी चुनौती का सामना करना पड़े, तो नकारात्मक पहलुओं पर ध्यान केंद्रित करने की इच्छा को रोकें। इसके स्थान पर, अपना ध्यान व्यावहारिक और प्रभावी समाधान तलाश करने पर केंद्रित करें।

2. सकारात्मक रहें: सदैव सकारात्मक दृष्टिकोण बनाए रखें और बाधाओं को दूर करने की अपनी क्षमता पर विश्वास रखें। याद रखें कि हर समस्या का एक समाधान होता है और आपके पास उसे ढूंढने की शक्ति होती है।

3. समर्थन लें: दूसरों से सहायता मांगने या सलाह लेने से न डरें। दूसरों के साथ सहयोग करने से आपको नए विचार और दृष्टिकोण उत्पन्न करने में सहायता प्राप्त हो सकती है जिससे नवीन समाधान प्राप्त हो सकते हैं।

4. असफलताओं से सीखें: असफलताओं को विकास और सीखने के अवसर के रूप में देखें। हतोत्साहित होने के स्थान पर, उन्हें अपने दृष्टिकोण को परिष्कृत करने और विषय का श्रेष्ठतर समाधान प्रस्तुत करने के अवसर के रूप में उपयोग करें।

5. कृतज्ञता का अभ्यास करें: आपके जीवन में जो चीजें अच्छी तरह से चल रही हैं, उनके लिए कृतज्ञता की भावना पैदा करें। यह सकारात्मक मानसिकता आपको प्रेरित रहने और चुनौतियों का समाधान तलाश करने पर ध्यान केंद्रित करने में आपकी सहायता कर सकती है।

अंत में, समाधान-उन्मुख मानसिकता एक शक्तिशाली उपकरण है जो हमें हमारे आत्मविश्वास और लचीलेपन के साथ जीवन की चुनौतियों से

निपटने में सहायता कर सकती है। समस्याओं पर ध्यान केंद्रित करने के स्थान पर इसका समाधान तलाश करने पर ध्यान केंद्रित करके, हम बाधाओं को अधिक प्रभावी ढंग से दूर कर सकते हैं और अपने और अपने आस-पास के लोगों के लिए अधिक सकारात्मक और संतुष्टिदायक जीवन बना सकते हैं। तो, आइए समाधान-उन्मुख मानसिकता की शक्ति को अपनाएं और देखें कि यह हमारे जीवन को बेहतरी के लिए कैसे परिवर्तित कर देती है।

समर्पण और अभिनय

इस श्रेणी में अपने लक्ष्यों और उद्देश्यों के प्रति समर्पण का महत्व और इसके लिए अभिनय की भूमिका को विवरणित किया जा सकता है।

किसी भी प्रयास में सफलता के लिए मनुष्य का अपने लक्ष्यों और उद्देश्यों के प्रति समर्पण बहुत महत्वपूर्ण है। इसके लिए एक दृढ़ प्रतिबद्धता, अचल दृष्टिकोण और उत्कृष्टता की निरंतर खोज की आवश्यकता होती है। समर्पण के बिना, किसी के लक्ष्यों से दृष्टि हटाकर मार्ग में आने वाली बाधाओं और चुनौतियों से विचलित होना बहुत सरल है। किन्तु अपने निर्धारित पथ पर बने रहने और सफलता प्राप्त करने के लिए, अपने लक्ष्यों के प्रति समर्पण और प्रतिबद्धता की भावना को पैदा करना महत्वपूर्ण है।

समर्पण विकसित करने का सबसे अच्छा तरीका अभिनय या अभिनय का अभ्यास है, जैसा कि भारतीय शास्त्रीय नृत्य और थिएटर में जाना जाता है। अभिनय के लिए शिल्प के प्रति गहरे स्तर की प्रतिबद्धता और समर्पण की आवश्यकता होती है, इसके साथ ही किसी चरित्र या भूमिका को पूरी तरह से मूर्त रूप देने के लिए स्वयं को अपने आराम क्षेत्र से परे धकेलने की इच्छा भी होती है। अभिनय की दुनिया में स्वयं को डुबो कर, कोई व्यक्ति समर्पण, दृढ़ता और अपने लक्ष्यों और उद्देश्यों के प्रति सच्चे रहने के महत्व के विषय में मूल्यवान शिक्षा ग्रहण कर सकता है।

अभिनय आत्म-खोज और व्यक्तिगत विकास के लिए एक शक्तिशाली उपकरण है। यह व्यक्तियों को उनके व्यक्तित्व, भावनाओं और प्रेरणाओं के विभिन्न पहलुओं का पता लगाने और स्वयं और उनके आसपास की दुनियाके

के विषय में गहरी समझ विकसित करने की मार्ग दिखाता है। अभिनय की प्रक्रिया के माध्यम से, व्यक्ति अपने अंतरतम विचारों और भावनाओं को समझना और उन्हें रचनात्मक और प्रमाणिक तरीके से व्यक्त करना सीख सकते हैं।

अभिनय व्यक्तियों को अनुशासन और कड़े परिश्रम का महत्व भी सिखाता है। एक अभिनेता के रूप में सफल होने के लिए, किसी को अपनी कला को निखारने, अपने कौशल को विकसित करने और अपने प्रदर्शन को श्रेष्ठतर बनाने के लिए आवश्यक समय और प्रयास लगाने के लिए सदैव ही तैयार रहना चाहिए। समर्पण और प्रतिबद्धता का यह स्तर किसी भी क्षेत्र में सफलता के लिए आवश्यक है, चाहे वह अभिनय हो, व्यवसाय हो, खेल या शिक्षा हो।

इसके अतिरिक्त, अभिनय व्यक्तियों को विपरीत परिस्थितियों में दृढ़ता और लचीलेपन का मूल्य सिखाता है। अभिनय एक चुनौतीपूर्ण और प्रति स्पर्धापूर्ण क्षेत्र है और अभिनेताओं को इससे नियमित आधार पर अस्वीकृति, आलोचना और विफलता से निपटना सीखना चाहिए। अपनी कला के प्रति समर्पण और प्रतिबद्धता की मजबूत भावना विकसित करके, अभिनेता इन बाधाओं को दूर करना सीख सकते हैं और जुनून और दृढ़ संकल्प के साथ अपने लक्ष्यों और उद्देश्यों को आगे बढ़ाना जारी रख सकते हैं।

समर्पण और प्रतिबद्धता के विषय में मूल्यवान सबक सिखाने के अतिरिक्त, अभिनय व्यक्तियों को आत्म-अभिव्यक्ति और रचनात्मकता के लिए एक मंच भी प्रदान करता है। अभिनय की प्रक्रिया के माध्यम से, व्यक्ति विभिन्न पात्रों, कहानियों और भावनाओं का पता लगा सकते हैं और उन्हें इस तरह से जीवन में ला सकते हैं जो सार्थक और प्रभावशाली दोनों हो। अभिनय व्यक्तियों को स्वयं से बाहर निकल कर दूसरे व्यक्ति के स्थान पर

कदम रखने और दुनिया को एक अलग दृष्टिकोण से अनुभव करने का दिशा निर्देशन देता है।

अभिनय से दूसरों के प्रति सहानुभूति और समझ की भावना भी बढ़ती है। विभिन्न पात्रों के जीवन और अनुभवों में स्वयं को डुबो कर, अभिनेता दूसरों के प्रति करुणा और सहानुभूति की अधिक भावना विकसित कर सकते हैं और मानव अनुभव की विविधता और जटिलता के लिए गहरी सराहना कर सकते हैं। सहानुभूति और समझ की यह भावना मजबूत सम्बन्ध बनाने, टीम वर्क को बढ़ावा देने और दुनिया में सकारात्मक परिवर्तन लाने में अमूल्य हो सकती है।

इसके लिए किसी भी प्रयास में सफलता के लिए अपने लक्ष्यों और उद्देश्यों के प्रति पूर्णभाव से समर्पण आवश्यक है। अभिनय के अभ्यास के माध्यम से समर्पण और प्रतिबद्धता की भावना पैदा करके, व्यक्ति दृढ़ता, लचीलापन, अनुशासन और आत्म-अभिव्यक्ति के विषय में मूल्यवान सबक सीख सकते हैं। अभिनय व्यक्तियों को व्यक्तिगत विकास और आत्म-खोज के लिए एक मंच प्रदान करता है और उन्हें विपरीत परिस्थितियों में भी अपने लक्ष्यों और उद्देश्यों के प्रति सच्चे रहने का महत्व सिखाता है। अभिनय के अभ्यास के माध्यम से, व्यक्ति किसी भी क्षेत्र में सफलता प्राप्त करने और अपने आसपास की दुनिया पर सकारात्मक प्रभाव डालने के लिए आवश्यक कौशल, मानसिकता और दृष्टिकोण विकसित कर सकते हैं।

इसका एक श्रेष्ठ उदाहरण समर्पण और अभिनय के रूप में श्रीमती लता मंगेशकर हो सकती है। वे एक प्रमुख भारतीय गायिका थीं, जिन्होंने अपने संगीत को पूरा जीवन समर्पित कर दिया। उनका समर्पण और अभिनय उनके गानों में स्पष्ट रूप से झलकता है, जो उनकी आवाज के माध्यम से जनसमुदाय को छूता और प्रभावित करता है। वे भावुकता और उत्साह से गाने गाती हैं और अपनी प्रतिभा के माध्यम से दर्शकों के दिलों में आंतरिक

परिवर्तन लाती हैं।

लता मंगेशकर ने अपने संगीत की समर्पण भावना को बढ़ावा देने के लिए अपार प्रयास किए हैं। उन्होंने अपने करियर के मध्य अनेक भाषाओं में गाने गाए हैं और विभिन्न रागों, तालों और शैलियों को अभिनीत किया है। उनका संगीत भी विभिन्न रंगों, भावों और भाषाओं को समाहित करता है, जिससे वे एक विश्वव्यापी छवि के रूप में लोगों के दिलों तक पहुंचती हैं।

लता मंगेशकर के अभिनय में उनके स्वर की गहराई और उनके भावुक भाव स्पष्ट रूप से दिखते हैं। उनका संगीत वास्तविकता, भावनाओं और अनुभूतियों को प्रकट करने में समर्पित है। इसके परिणामस्वरूप, उनके गानों में समर्पण और अभिनय की एक अद्वितीय समरूपता बनी रहती है, जो उन्हें भारतीय संगीत की महानता का प्रतीक बनाती है।

लता मंगेशकर का यह उदाहरण हमें यह सिखाता है कि समर्पण और अभिनय के माध्यम से एक कलाकार अपनी कला में ऊर्जा, उत्साह और आंतरिकता ला सकता है। यह उन्हें अपने कार्य में सम्पूर्णता और आदर्शता को स्थापित करने में सहायता करता है।

सामूहिक सामर्थ्य

इस श्रेणी में सामूहिक सामर्थ्य के विकास के लिए उपायों का वर्णन किया जा रहा है, जैसे सहयोग, संगठन और गुणात्मक संगठन।

आज की तेज-तर्रार दुनिया में, सामूहिक शक्ति या सामूहिक शक्ति की अवधारणा ने महत्वपूर्ण महत्व प्राप्त कर लिया है। यह इस विचार को संदर्भित करता है कि जब व्यक्ति अकेले के स्थान पर समूह के रूप में मिलकर काम करते हैं तो वे अधिक प्राप्त कर सकते हैं। मनुष्य की यह अवधारणा विकास के संदर्भ में विशेष रूप से प्रासंगिक है, यहां समुदायों को आम चुनौतियों का समाधान करने और सामान्य लक्ष्यों को प्राप्त करने के लिए एक साथ आने की आवश्यकता है।

ऐसे कई उपाय हैं जिनसे विकास के लिए सामूहिक शक्ति का उपयोग किया जा सकता है। प्रमुख चुनौतियों में से एक निर्णय लेने की प्रक्रियाओं में सामुदायिक भागीदारी और भागीदारी को बढ़ावा देना है। जब समुदाय के सदस्य सक्रिय रूप से समस्याओं की पहचान करने, प्राथमिकताएं निर्धारित करने और समाधान लागू करने में लगे होते हैं, तो उनके विकास प्रक्रिया का स्वामित्व लेने और स्थायी परिणामों की दिशा में काम करने की अधिक संभावना होती है।

सामूहिक शक्ति विकसित करने का एक अन्य महत्वपूर्ण पहलू एक मजबूत सामाजिक नेटवर्क और साझेदारियाँ बनाना है। अन्य संगठनों, सरकारी एजेंसियों और हितधारकों के साथ सहयोग करके, समुदाय जटिल चुनौतियों का समाधान करने के लिए संसाधनों, विशेषज्ञता और समर्थन

का लाभ उठा सकते हैं। ये साझेदारियाँ सर्वोत्तम प्रथाओं को साझा करने, एक-दूसरे के अनुभवों से सीखने और सफल पहल को बढ़ाने में भी सहायता कर सकती हैं।

सामूहिक शक्ति के निर्माण के लिए हाशिए पर मौजूद समूहों को सशक्त बनाना और निर्णय लेने की प्रक्रियाओं में उनका समावेश सुनिश्चित करना भी महत्वपूर्ण है। जब किसी समुदाय के सभी सदस्यों के पास एक स्वर होता है और वे विकास प्रक्रिया में योगदान देने में सक्षम होते हैं, तो परिणाम समावेशी और न्यायसंगत होने की अधिक संभावना होती है। इससे सामाजिक असमानताओं को कम करने और समुदाय के भीतर सामाजिक एकजुटता को बढ़ावा देने में सहायता मिल सकती है।

सामूहिक शक्ति के निर्माण के लिए शिक्षा और कौशल के विकास में निवेश एक और महत्वपूर्ण रणनीति है। व्यक्तियों को विकास प्रक्रिया में भाग लेने के लिए आवश्यक ज्ञान, कौशल और उपकरण प्रदान करके, कोई भी समुदाय अपने सदस्यों को अपने भविष्य की दायित्व निभाने के लिए सशक्त बना सकते हैं। इससे उत्पादकता, आर्थिक विकास और समग्र रूप से समुदाय की समग्र भलाई में वृद्धि हो सकती है।

सामूहिक शक्ति को बढ़ावा देने के लिए सहयोग, विश्वास और पारस्परिक सम्मान की संस्कृति को बढ़ावा देना अति आवश्यक है। जब समुदाय के सदस्य एक समान लक्ष्य की दिशा में मिलकर काम करते हैं, तो उनके चुनौतियों पर नियंत्रण पाने, लचीलापन बनाने और सतत विकास परिणाम प्राप्त करने की अधिक संभावना होती है। इसके लिए मजबूत सामाजिक पूंजी का निर्माण, अपनेपन और एकजुटता की भावना और भविष्य के लिए एक साझा दृष्टिकोण को बढ़ावा देना आवश्यक है।

सतत विकास परिणाम प्राप्त करने के लिए सामूहिक शक्ति विकसित करना आवश्यक है। सामुदायिक भागीदारी को बढ़ावा देने, मजबूत साझेदारी

बनाने, हाशिए पर रहने वाले समूहों को सशक्त बनाने, शिक्षा और कौशल विकास में निवेश करने और सहयोग की संस्कृति को बढ़ावा देने से, समुदाय आम चुनौतियों का समाधान करने और सामान्य लक्ष्यों को प्राप्त करने के लिए मिलकर काम कर सकते हैं। इससे समावेशी, न्यायसंगत और सतत विकास हो सकता है, जिससे समुदाय के सभी सदस्यों को लाभ हो हकता है। आइए हम सब सामूहिक मनोबल की शक्ति का उपयोग करने और आने वाली पीढ़ियों के लिए बेहतर भविष्य बनाने के लिए मिलकर काम करें।

सामूहिक सामर्थ्य के लिए एक श्रेष्ठ उदाहरण अंतर्राष्ट्रीय खेलों में भारतीय क्रिकेट टीम का भी हो सकता है। भारतीय क्रिकेट टीम एक सामूहिक ऊर्जा, सामर्थ्य और संगठनशीलता का उदाहरण है जिसे देश और विश्व के क्रिकेट प्रेमियों ने स्वीकार किया है।

भारतीय क्रिकेट टीम के सदस्य बड़े उत्साह और समर्पण के साथ मिलकर काम करते हैं। वे एक समान लक्ष्य की दिशा में प्रगति करने के लिए एक साथ आते हैं और उनकी सामूहिक दक्षता के कारण ही वे विभिन्न प्रतियोगिताओं में सफलता प्राप्त करते हैं। इसके अतिरिक्त, टीम के सदस्य एक-दूसरे का समर्थन और प्रोत्साहन भी करते हैं, जिससे टीम की सामूहिक शक्ति मजबूत होती है।

भारतीय क्रिकेट टीम के खिलाड़ी आपस में सामंजस्य, समझदारी और टीम भावना बनाए रखने के लिए प्रसिद्ध हैं। खेल के दौरान जब कोई खिलाड़ी अच्छा प्रदर्शन नहीं कर पाता तो टीम के अन्य सदस्य उसे सहयोग और विश्वास के साथ उत्साहित करते हैं। वे एक-दूसरे की सफलता के लिए उनकी प्रशंसा भी करते हैं और अपना ज्ञान और अनुभव एक-दूसरे के साथ साझा करते हैं।

भारतीय क्रिकेट टीम की यही सामूहिक शक्ति उन्हें अंतरराष्ट्रीय स्तर पर अच्छा प्रदर्शन करने में उनकी सहायता करती है। अच्छी टीम वर्क के कारण

ही वे आमतौर पर अपने प्रतिस्पर्धियों से बेहतर प्रदर्शन करने में सफल होते हैं। यह सामूहिक शक्ति उन्हें खेल के दौरान कठिनाइयों का सामना करने में भी उनकी सहायता करती है और उन्हें अपने संघर्षों से उबरने की क्षमता प्रदान करती है।

भारतीय क्रिकेट टीम का यह महान उदाहरण हमें दिखाता है कि एक समृद्ध और प्रभावी टीम के निर्माण में सामूहिक ताकत कितनी महत्वपूर्ण भूमिका निभाती है। सामूहिक शक्तियों के माध्यम से, टीम के सदस्य एक-दूसरे के काम को पूरक बनाने और अपनी अद्वितीय क्षमताओं का लाभ उठाने में सक्षम होते हैं। इससे टीम का काम व्यवस्थित हो जाता है और वे संगठित और समर्पित तरीके से अपने लक्ष्य की ओर अग्रसर होते हैं।

शक्ति का साधार

इस श्रेणी में मनोबल की शक्ति की परिभाषा, इसका महत्व और कैसे इसे विकसित किया जा सकता है, इसके विषय में विश्लेषण का प्रयास किया जायेगा।

मनोबल की शक्ति की साधारण सी परिभाषा है कि यह एक व्यक्ति की छाती में छिपा हुआ ऐसा स्वर है जो उसे सफलता तक पहुंचने में उसकी सहायता करता है। इसका मतलब है कि जब एक व्यक्ति ऊब जाता है या कठिनाई से गुजर रहा होता है, तो उसके मनोबल की शक्ति उसको आगे बढ़ाने में उसकी पर्याप्त सहायता करती है। यह व्यक्ति में सकारात्मकता, स्वाभाविक उत्साह और सशक्तिकरण की भावना को जागृत करती है।

मनोबल की शक्ति का महत्व अत्यंत महत्वपूर्ण है। जब एक व्यक्ति को मानसिक या भावनात्मक रूप से शक्ति मिलती है, तो उसका मस्तिष्क और शरीर एक साथ काम करने की क्षमता प्राप्त करता है। यह उसे कठिनाइयों का सामना करने और सक्रिय रूप से उन्हें निपटाने की क्षमता प्रदान करता है। इसका अर्थ है कि वह निरंतरता और स्थिरता के साथ अपने लक्ष्यों की ओर प्रगति कर सकता है।

मनोबल की शक्ति को विकसित करने के लिए कई उपाय हैं। पहले तो, ध्यान एवं मौन भावना के साथ अभ्यास करना मनोबल को विकसित करने का एक महत्वपूर्ण उपाय है। यह एक व्यक्ति को अपने स्वर और विचारों को नियंत्रित करने में सहायता करता है।

दूसरे, योग और ध्यान के माध्यम से अपने मस्तिष्क को शांत करके

मनोबल को विकसित किया जा सकता है। योग और ध्यान एक व्यक्ति को उसकी आत्म-शक्ति के साथ जोड़ता है और उसे मानसिक शान्ति प्रदान करता है।

तीसरे, सकारात्मक सोच को बनाए रखने के लिए स्वाधीनता से जीने का अभ्यास करना भी मनोबल की शक्ति को बढ़ाने का एक महत्वपूर्ण उपाय है। जब एक व्यक्ति सकारात्मक विचारों को मातृभाषा बनाता है और नकारात्मकता के साथ निपटने की क्षमता विकसित करता है, तो वह अपार संदर्भों में भी मजबूत रहता है।

उदाहरणस्वरूप, विद्यार्थियों को एक महत्वपूर्ण परीक्षा के दौरान मनोबल की शक्ति का उपयोग करने की आवश्यकता होती है। उन्हें ध्यान और सकारात्मक सोच के बल पर एक दिवसीय पाठ्यक्रमों का अभ्यास करना चाहिए जो उन्हें धीरज और स्नेह में उत्साहित एवं प्रेरित करता है। इससे वह अपना मन शांत रखते हुए संघर्ष के बीच भी सफल हो सकते हैं।

संक्षेप में यदि देखा जाये तो, मनोबल की शक्ति एक व्यक्ति को मानसिक, भावनात्मक और शारीरिक रूप से सशक्त और सक्रिय बनाने में उसकी सहायता करती है। यह उसे कठिनाइयों का सामना करने में सक्षम बनाती है और उसकी प्रगति को बढ़ाती है। मनोबल की शक्ति का विकास ऋणात्मक सोच, सकारात्मक सोच, योग और ध्यान के माध्यम से किया जा सकता है। इसके लिए व्यायाम के साथ अभ्यास करना भी लाभदायक हो सकता है।

एक बार की बात है कि एक बार एक राजा था जो अपने राज्य की खुशहाली और प्रसन्नता के लिए बहुत सी योजनाएं बनाता था। वह अपने राज्य के विकास के लिए बहुत परिश्रम करता था।

एक दिन उसे एक विचार आया कि उसके राज्य के लोगों का मनोबल कमजोर हो गया है। इसके लिए उसने अपने मंत्रियों से पूछा कि उन्हें इस

समस्या का क्या समाधान लगता है। मंत्रियों ने बहुत सोच विचार के पश्चात उसे सुझाव दिया कि मनोबल को बढ़ाने के लिए उन्हें अपने राज्य के लोगों के दिलों में उत्साह तथा प्रेरणा की भावना को जागृत करना चाहिए।

राजा ने इस समस्या का समाधान करने के लिए एक योजना बनाई। उसने अपने राज्य के सभी लोगों को एक साथ एकत्रित करने के लिए एक विशाल समारोह का आयोजन किया।

इस समारोह में उन्होंने अपने राज्य के विभिन्न क्षेत्रों से लोगों को आमंत्रित किया था। उन्होंने इस समारोह में विभिन्न खेल और गतिविधियों का भी आयोजन किया था। इस समारोह में सभी लोगों को एक साथ आने का अवसर प्राप्त हुआ। इससे उनका आपस में परिचय तथा मेलजोल बड़ा। इस समारोह के पश्चात, राजा ने अपने राज्य के लोगों को शिक्षित करने एवं संगठित तरीके से जोड़ने के लिए बहुत सारी अन्य योजनाएं भी बनाईं हुई थीं। उन्होंने अपने राज्य के लोगों को एक साथ काम करने और अपने राज्य के विकास में सहयोग करने के लिए आगे आने के लिए प्रेरित भी किया और इसके लिए उन्हें पर्याप्त सहायता भी दी।

इस तरह, राजा ने अपने राज्य के लोगों का मनोबल बढ़ाने के लिए तथा एक संगठित तरीके से उन्हें आपस में जोड़ने का समाधान निकाल लिया और इस तरह, राजा ने अपने बुद्धि कौशल से अपने राज्य के विकास में सफलता प्राप्त की। यह इस बात का सशक्त उदाहरण है कि मनुष्य में उसका मनोबल एक ऐसी शक्ति का आधार है, जिससे चाहने पर कैसी भी परिस्थित में सुलझा जा सकता है और उसमें हर प्रकार से अपेक्षित परिवर्तन लाया जा सकता है।

लक्ष्य-निर्धारण

मनोबल शक्ति की तीसरी श्रेणी लक्ष्य-निर्धारण है, जो व्यक्ति को अपने लक्ष्यों को स्पष्ट रूप से देखने, समझने और उन्हें प्राप्त करने के लिए रणनीतिक योजना बनाने में सहायता करती है।

मनोबल की शक्ति और लक्ष्य निर्धारित करना मनुष्य के जीवन में बहुत महत्वपूर्ण होता है। यह उसकी सफलता और प्रसन्नता के लिए आवश्यक होता है। मनोबल की शक्ति उस शक्ति को कहते हैं जो हमें उन सभी चुनौतियों से निपटने में सहायता करती है जो हमारे जीवन में आती हैं। इसके साथ ही लक्ष्य निर्धारित करना उस लक्ष्य को जानने के लिए भी होता है जो हमें अपने जीवन में प्राप्त करना होता है। मनोबल की शक्ति व्यक्ति को उसके जीवन में असफलता से निपटने में उसकी पर्याप्त सहायता करती है। यह उसकी सकारात्मक सोच को बढ़ाती है और उसे उसके लक्ष्य की ओर ले जाती है। इसके साथ ही यह उसे उसके जीवन में आने वाली चुनौतियों से निपटने में भी उसकी बहुत सहायता करती है। इससे व्यक्ति अपने जीवन में सफलता प्राप्त करने के लिए तैयार होता है। लक्ष्य निर्धारित करना व्यक्ति को उसके जीवन में प्राप्त होने वाले लक्ष्य को जानने में उसकी सहायता करता है। इससे व्यक्ति अपने जीवन में एक निश्चित दिशा की ओर जाता है जो उसे उसके लक्ष्य की ओर ले जाती है। इससे व्यक्ति अपने जीवन में सफलता प्राप्त करने के लिए सदैव ही तैयार रहता है।

मनोबल की मजबूती और लक्ष्य निर्धारण के लिए व्यक्ति को अपने में सकारात्मक सोच विकसित करनी चाहिए। यह जीवन में सफलता प्राप्त

करने में उसकी सहायता करती है।

इसके लिए व्यक्ति को लक्ष्य निर्धारित करना व्यक्ति को उसके जीवन में प्राप्त करने वाले लक्ष्य को जानने में उसकी सहायता करता है तथा उसे अपने लक्ष्य को जानना और उसके लिए काम करना व्यक्ति को उसके लक्ष्य की ओर ले जाता है। इसके लिए अपने विचारों को स्पष्ट रखें। विचारों का स्पष्ट होना व्यक्ति को उसके लक्ष्य की ओर ले जाता है।

जीवन में स्पष्ट लक्ष्य निर्धारण के लिए सदैव अपने जीवन में सकारात्मक लोगों के साथ समय बिताएं। सकारात्मक लोगों के साथ समय बिताना व्यक्ति को उसके जीवन में सकारात्मक सोच बनाने में उसकी सहायता करता है। इन सभी सुझावों को अपनाकर व्यक्ति अपने मनोबल की शक्ति को दृढ़ कर सकता है और जीवन में स्पष्ट लक्ष्य को निर्धारित करने में सफल हो सकता है।

एक व्यक्ति का लक्ष्य यह हो सकता है कि वह अपने व्यापार को बढ़ाने के लिए अपने मनोबल की शक्ति का उपयोग करें। वह अपने व्यापार को बढ़ाने के लिए नए ग्राहकों को प्राप्त करने, उत्पादों और सेवाओं की गुणवत्ता को सुनिश्चित करने और अपने कर्मचारियों को प्रशिक्षित करने के लिए अपने मनोबल की शक्ति का उपयोग कर सकता है।

छात्र का लक्ष्य हो सकता है कि वह अपने मनोबल की शक्ति का उपयोग करके परीक्षा में अच्छे अंक प्राप्त करें। वह अपने पठन-पाठन को मजबूत करने, नियमित रूप से पठन करने, स्वतंत्र रूप से समय व्यवस्था करने और परीक्षाओं के लिए अच्छी तैयारी करने के लिए अपने मनोबल की शक्ति का उपयोग कर सकता है।

एक खिलाड़ी का लक्ष्य यह हो सकता है कि वह अपने मनोबल की शक्ति का उपयोग करके अपने खेल में पर्याप्त सुधार करें। वह अपनी दृढ़ता, धैर्य और निरंतर प्रयास के माध्यम से अपने खेल की सुधारने के लिए अपने

मनोबल की शक्ति का उपयोग कर सकता है। वह अपने कौशल को बढ़ाने, नए नए खेल के तरीकों को सीखने और अपने मार्गदर्शकों और प्रशंसकों के साथ सहयोग करने के लिए अपने मनोबल की शक्ति का उपयोग कर सकता है।

एक सामाजिक कार्यकर्ता का लक्ष्य यह भी हो सकता है कि वह अपने मनोबल की शक्ति का उपयोग करके समाज में सकारात्मक परिवर्तन लाएं। वह अपने आपको संगठित करने, लोगों को जागरूक करने, संगठनों और सरकारी अधिकारियों के साथ सहयोग करने और समाज के लिए नीतियों और कानूनों के प्रभावी बदलाव को प्रोत्साहित करने के लिए अपने मनोबल की शक्ति का उपयोग कर सकता है।

एक बार की बात है कि एक गांव में एक युवक रहता था जिसका नाम शामू था। शामू का सपना था कि वह अपने गांव को एक उच्च स्तर पर ले जाए और उसे विकास का एक उदाहरण बनाए। किन्तु उसे पता था कि इसके लिए उसे सामर्थ्य और दृढ़ मनोबल की शक्ति की आवश्यकता होगी।

इसके लिए शामू ने अपने गांव के लोगों को एकजुट करने का निर्णय लिया। उसने एक सभा बुलाई और सभी गांववासियों से अपने सपने के विषय में बताया। उसने उन्हें बताया कि उसे अपने गांव का विकास करने के लिए सभी के सहयोग की आवश्यकता होगी। लोगों ने शामू की बातों को ध्यान से सुना, समझा और उसको सहयोग देते हुए उत्साहित किया। इसके लिए वे सभी एकजुट हो गए और उन्होंने शामू के साथ मिलकर गांव के विकास के लिए अपना योगदान देने का निर्णय लिया। इसके लिए शामू ने एक योजना बनाई, जिसमें सभी ने मिलकर सामूहिक रूप से गांव के विभिन्न क्षेत्रों में विकास के लिए विभिन्न कार्यक्रम आरम्भ किए। सर्वप्रथम उन्होंने शिक्षा, स्वास्थ्य, कृषि और उद्योग क्षेत्र में कई कार्य किये।

शामू और उसके सभी साथी लोगों ने साथ मिलकर बहुत परिश्रम

किया और निरंतर अपने लक्ष्य की ओर रहे। वे अपने गांव का एक नया चेहरा देखने के लिए निरंतर प्रयास करते रहे। इससे धीरे-धीरे, गांव में अपेक्षित परिवर्तन दिखने लगा। शिक्षा के क्षेत्र में स्कूल खुले, स्वास्थ्य के क्षेत्र में अस्पताल बने, कृषि क्षेत्र में कई नई तकनीकों का उपयोग होने लगा और उद्योग के क्षेत्र में नए नए रोजगार के अवसर उपलब्ध हुए।

इस उदाहरण से हमें यह सीखने को मिलता है कि मनोबल की शक्ति और एक स्पष्ट लक्ष्य निर्धारित करने का बहुत महत्व होता है। जब हम सभी एकजुट होकर अपने सपनों को पूरा करने के पीछे लग जाते हैं, तो हम अपने लक्ष्य को प्राप्त करने में सफल हो सकते हैं। इससे व्यक्ति को उसके मनोबल की शक्ति के साथ साथ स्पष्ट लक्ष्य निर्धारित कर कार्य करने से इसकी अपार शक्ति का पता चलता है।

मनोबल की महत्वपूर्ण गुणवत्ताएं

इस श्रेणी में मनोबल की शक्ति की महत्वपूर्ण एवं गुणवत्ताओं के विषय में बात की जा सकती है, जैसे कि संयम, सहिष्णुता, समर्पण और धैर्य।

मनोबल, मन की शक्ति का संकेत करता है और व्यक्ति को स्वयं में विश्वास उत्पन्न करने में सहायता करता है। यह मनुष्य के जीवन का एक बहुत महत्वपूर्ण गुण है, जो हमें अपने लक्ष्यों की प्राप्ति करने में सहयोग देते हुए हमें समर्थ बनाता है। मनोबल की शक्ति हमें विवादों और कठिनाइयों का सामना करने की क्षमता प्रदान करती है।

इसी प्रकार हमें मनोबल की शक्ति की महत्वपूर्ण गुणवताओं का भी पता चलता है। मनोबल की शक्ति व्यक्ति को उन्नति के मार्ग पर ले जाती है। जब व्यक्ति अपना मनोबल एकत्रित करता है, तो वह नए और श्रेष्ठ विचारों की स्वीकार करता है औरअपनी क्षमताओं को सीमाबद्ध नहीं करता है। इसके परिणामस्वरूप, उसे नए कौशलों का अनुभव होता है और उसका व्यक्तित्व एक शक्तिशाली और संपूर्ण बनता है।

जब मन शक्तिशाली होता है, तो व्यक्ति संघर्षों और समस्याओं के सामने अडिग खड़ा हो सकता है और उसे नकारात्मक परिणामों से लड़ने का सामर्थ्य प्राप्त होता है। उदाहरण के तौर पर, एक मनोबल संरक्षित करने वाला व्यक्ति अपनी कसौटी पर खड़ा होकर किसी भी प्रकार की कठिनाई में दूसरों की सहायता करता है। उसकी मनोबल की शक्ति के कारण, वो समस्याओं की संभाल सकता है और सकारात्मक परिणामों को उत्पन्न कर

सकता है।

मनोबल की शक्ति एक व्यक्ति के अनुभव करने को क्षमता प्रदान करती है, जब वह असहाय और निराश हो जाता है। इसके उदाहरण में, एक साथी किसी असुविधाजनक स्थिति में अपने दूसरे साथी को साहस देता है और उसे जीने के लिए सहारा देता है। मनोबल की शक्ति उसे नया बल देती है और उसे उसके समक्ष आये हुए अवरोधकों से लड़ने की सामर्थ्य प्रदान करती है।

इस प्रकार के उदाहरणों के आधार पर हम कह सकते हैं कि मनोबल की शक्ति व्यक्ति को उसके उच्चतम स्तर पर ले जाने और उसकी उन्नति में उसकी सहायता करती है। यह उसे संघर्षों के बजाय समस्याओं का सामना करने और उनसे सकारात्मक परिणामों को प्राप्त करने की उसे क्षमता प्रदान करती है। मनोबल की शक्ति पर भरोसा रखने वाले लोग अपने सपनों को साकार करने के लिए अपनी मार्गदर्शन शक्ति के रूप में उसे उपयोग कर सकते हैं।

एक बार किसी गाँव में एक असीम नाम का युवक रहता था। असीम बहुत ही आलसी, निरुत्साही था और उसका मनोबल बहुत ही कमजोर था। एक दिन उसके गाँव में एक साहित्यिक सम्मेलन का आयोजन हुआ, जिसमें विद्वान और प्रख्यात व्यक्तियों को बुलाया गया था।

असीम को भी इसमें बुलाया गया, किन्तु वह बहुत डर रहा था। वह सोच रहा था कि यह सम्मेलन उसके लिए एक बहुत ही बड़ी चुनौती है। जब सम्मेलन का दिन आया तो असीम ने देखा देखा कि वहाँ उसके समक्ष बहुत सारे लोग हैं। इससे उसका दिल और भी डर गया।

जब सम्मेलन का समय आया और अवसर आने पर एक बड़ा पर्व छंद पढ़ते हुए असीम को बुलाया गया तो उसने अपने मनोबल को एकत्रित किया और डर का सामना करते हुए स्टेज पर चला गया। वहाँ उसने साहस पूर्वक एक कहानी सुनाई और बताया कि किस प्रकार वह अपने आत्म-समर्पण,

मनोबल और संघर्ष के माध्यम से अपने आत्म विकास में सफल हो रहा है।

उसने अपनी कहानी के माध्यम से यह भी बताया कि अब किसी भी कारण से होने वाली चुनौतियों का सामना करना और उन्हें पार करना उसके लिए एक सीखने और जीवन में आगे बढ़ने का साधन बन गया है।

उसकी बातों ने सभी को बहुत प्रभावित किया और उसकी साहसपूर्ण कहानी ने सभी को मनोबल और संघर्ष की महत्वपूर्णता का आदर्श प्रदान किया। उसकी इस बहादुरी ने उसे न केवल उचित सम्मान ही दिलाया बल्कि इससे उसने अपने मन को भी और अधिक मजबूत बना लिया।

इस वृत्तांत से यह प्रमाणित होता है कि यदि हम अपने डरों का सामना करते हैं और सदैव चुनौतियों का सामना करने के लिए तैयार रहते हैं, तो हम अपने मनोबल में महत्वपूर्ण परिवर्तन कर सकते हैं और अपने लक्ष्यों की प्राप्ति की दिशा में भी आगे बढ़ सकते हैं।

संघर्ष-सामर्थ्य

मनोबल की शक्ति में 'संघर्ष सामर्थ्य' का महत्व बहुत अधिक होता है। संघर्ष सामर्थ्य एक व्यक्ति की आंतरिक शक्ति होती है जो उसे कठिनाइयों का सामना करने और अपारंपरिक परिस्थितियों के साथ निपटने में सक्षम बनाती है। यह उसके मनोबल को मजबूत और स्थायी बनाती है, जिससे वह अपने लक्ष्यों की प्राप्ति के लिए यथोचित प्रयास कर सकता है। इस सम्बनध में कुछ महान व्यक्तियों का भी स्मरण किया जा सकता है।

महात्मा गांधी (Mahatma Gandhi), भारतीय स्वतंत्रता संग्राम के प्रमुख नेता और अहिंसा के प्रख्यात प्रचारक थे। उन्होंने अपने संघर्ष सामर्थ्य के माध्यम से अद्वितीय रूप से भारतीय स्वतंत्रता आंदोलन का नेतृत्व किया। उन्होंने अहिंसा, सत्याग्रह और सामरिक अनुशासन के माध्यम से जन समर्थन और आंदोलन का नेतृत्व किया। उनकी नीतियां और उनके संघर्ष सामर्थ्य ने उन्हें विश्वस्तरीय आंदोलनकारी और शांतिप्रिय व्यक्ति बनाया।

स्टीव जॉब्स (Steve Jobs) एप्पल कंपनी के संस्थापक और पूर्व CEO थे। उन्होंने अपने संघर्ष सामर्थ्य के माध्यम से एप्पल कंपनी को एक उच्चतम स्तर पर ले जाने के लिए काम किया। उन्होंने नए और आविष्कारक उत्पादों को विकसित किया, जैसे Macintosh कंप्यूटर, iPod, iPhone और iPad आदि। उनका संघर्ष और सामर्थ्य उन्हें एक उद्यमी और नवाचारी व्यक्ति बनाने में उनकी सहायता करता था।

मारिए क्यूरी (Marie Curie), एक प्रमुख भौतिक विज्ञानी और रेडियोचिकित्सा की अविष्कारक थीं। उन्होंने न केवल ऐतिहासिक रूप से

महत्वपूर्ण आविष्कार किए, बल्कि उन्होंने भौतिकी के क्षेत्र में महिला के रूप में भी अपनी पहचान स्थापित की। उन्होंने संघर्ष सामर्थ्य का एक उदाहरण प्रस्तुत किया जब उन्होंने अपने शोध के दौरान विपरीत परिस्थितियों के उपरांत भी अध्ययन करना जारी रखा और अपने प्रयासों से नए ज्ञान को जनता के सामने लाया।

नेल्सन मंडेला (Nelson Mandela) दक्षिण अफ्रीका के प्रमुख नेता और अपार्थेइड के खिलाफ लड़ाई के प्रमुख संगठन, आफ्रिकन नेशनल कांग्रेस (ANC) के संस्थापक और पूर्व राष्ट्रपति थे। उन्होंने रंगभेद शासन के खिलाफ लड़ाई में समर्थकों को एकजुट किया और उस समय के विभाजित समाज के खिलाफ एकता की भावना को प्रोत्साहित किया। उनके संघर्ष सामर्थ्य ने उन्हें एक प्रतिष्ठित नेता और अंतर्राष्ट्रीय मान्यता प्राप्त करने में उनकी सहायता की।

लेयमाह ग्बोवी (Leymah Gbowee) एक लाइबेरियाई शांति समर्थक और नोबेल शांति पुरस्कार विजेता हैं। वे अपने देश में लंबे समय तक चले रहे युद्ध के मध्य महिलाओं के शांति आंदोलन की एक प्रमुख नेता थीं। वह महिलाओं के सशक्तिकरण और शांति के लिए बहुत महत्वपूर्ण थीं। उन्होंने अपने संघर्ष सामर्थ्य के माध्यम से लोगों को एकजुट किया और सामाजिक परिवर्तन के लिए संघर्ष किया। उनके कार्य का एक उदाहरण उनके नेतृत्व में हुए 'मानवीय प्रदर्शन' है, जहां उन्होंने पुरुषों को युद्ध से बाहर आकर शांति की मांग करने के लिए संगठित किया था। वे जीवन भर महिलाओं को सक्रिय भूमिका देने और उन्हें समाज में एक महत्वपूर्ण स्थान दिलाने के लिए कार्य करती रही हैं।

मलाला यूसुफजई (Malala Yousafzai) एक पाकिस्तानी शिक्षा समर्थक मानवाधिकार अभियंता और नोबेल शांति पुरस्कार विजेता हैं। उन्होंने बच्चों और महिलाओं के शिक्षा के माध्यम से सामाजिक परिवर्तन के

लिए अद्वितीय योगदान दिया है। उन्होंने अपने देश पाकिस्तान में तालिबान के खिलाफ लड़ाई में अपनी आवाज़ बुलंद की थी, जहां तालिबान ने उन्हें शिक्षा लेने से रोकने का प्रयास किया था। उन्होंने बच्चों और महिलाओं के अधिकारों की खातिर लड़ाई लड़ी और उन्हें शिक्षा का महत्व समझाने का काम किया।

मलाला की लड़ाई और उनकी अदम्य साहसिकता ने उन्हें अंतर्राष्ट्रीय स्तर पर मान्यता और पहचान दिलाई है। उन्होंने 2014 में नोबेल शांति पुरस्कार प्राप्त किया था, जिससे उन्होंने विश्वभर में शिक्षा के महत्व को उजागर किया और बच्चों के अधिकारों की लड़ाई में एक मार्गदर्शक बने। मलाला अब एक विश्वविद्यालय में अध्ययन कर रही हैं और उनका संघर्ष आगे भी जारी है, जहां उन्होंने शिक्षा के अधिकारों की लड़ाई में उनकी आवाज़ को बुलंद रखने का वादा किया है।

इन उपरोक्त उदाहरणों से यह सिद्ध होता है कि विभिन्न क्षेत्रों में सकारात्मक सोच और सामर्थ्य की भावना के साथ, संघर्षों का सामना करना और उन्हें पार करना हमें सफलता की ऊँचाइयों तक पहुँचा सकता है।

जीवन में आने वाली चुनौतियों के सामने खड़ा होने की क्षमता सदैव मनुष्य के मनोबल को बढ़ाती है। यह संभाग व्यक्ति को अपनी सामर्थ्य का परीक्षण करने और स्थितियों से परिचित कराने में उसको सहारा प्रदान करता है।

संघर्ष-सामर्थ्य एक ऐसा विषय है जो हर इंसान के जीवन में बहुत महत्वपूर्ण होता है। इसका मतलब होता है कि जब हम जीवन में किसी भी समस्या से जूझ रहे होते हैं तो हमें उस समस्या से निपटने के लिए अपने सामर्थ्य का इस्तेमाल करना चाहिए। इसके लिए हमें अपने अंदर के संघर्ष-सामर्थ्य को जानना और समझना बहुत आवश्यक होता है। जब हम अपने जीवन में किसी भी समस्या से जूझते हैं तो हमें उस समस्या का

सामना करना पड़ता है। इस समय हमारे अंदर के संघर्ष-सामर्थ्य का इस्तेमाल करना बहुत आवश्यक होता है। इससे हम अपनी समस्या को हल करने के लिए अपने अंदर के सामर्थ्य का इस्तेमाल कर सकते हैं। जैसे कि, एक छात्र जो अपनी पढ़ाई में असफल हो रहा हो तो उसे अपने अंदर के संघर्ष-सामर्थ्य का इस्तेमाल करना चाहिए। उसे अपनी असफलता के कई उदाहरणों से स्पष्ट होता है कि संघर्ष-सामर्थ्य व्यक्ति को सफलता की ओर ले जाने का महत्वपूर्ण कारक होता है। संघर्ष-सामर्थ्य के माध्यम से हम अपनी सीमाओं को पार करने, मुश्किलों से निपटने और नए संदर्भों में अपना आप बढ़ाने की क्षमता विकसित कर सकते हैं। यह हमें नए और अच्छे अवसरों की ओर ले जाता है और हमें स्वयं को समृद्ध, सक्रिय और संपूर्ण व्यक्ति के रूप में विकसित करने में हमारी सहायता करता है।

एक और उदाहरण है कि एक व्यक्ति जो अपने जीवन में किसी भी तरह की समस्या से जूझ रहा हो, तो उसे अपने अंदर के संघर्ष-सामर्थ्य का इस्तेमाल करना चाहिए। उसे अपनी समस्या को हल करने के लिए नए-नए तरीकों का आविष्कार करना चाहिए। इससे उसे अपनी समस्या को हल करने के लिए नए-नए तरीकों का आविष्कार करने में सहायता मिलेगी। इस तरह, संघर्ष-सामर्थ्य एक बहुत महत्वपूर्ण विषय है जो हर इंसान के जीवन में बहुत महत्वपूर्ण होता है। इसका इस्तेमाल करने से हम अपनी समस्याओं को हल करने के लिए नए-नए तरीकों का आविष्कार कर सकते हैं। इससे हम अपने जीवन में सफलता प्राप्त कर सकते हैं।

बहुत समय पहले की बात है, एक छोटे से गाँव में रोहित नाम का एक लड़का रहता था। रोहित को जन्म से ही अंधापन की समस्या थी और उसेआम दिनचर्या के कार्यों में कई कठिनाइयों का सामना करना पड़ता था।

रोहित का सपना था कि वह अपने गाँव के लोगों के लिए कुछ करे, उन्हें प्रेरित करे, किन्तु उसकी अंधापन की समस्या ने उसकी इस इच्छाशक्ति को

बहुत कमजोर कर दिया था।

एक दिन, गाँव में एक अद्भुत वृक्ष लगाने की एक आलोचनात्मक परियोजना चल रही थी। लोगों ने सोचा कि इसे करने के लिए एक ऐसे व्यक्ति की आवश्यकता है जो वृक्षों की अच्छी तरह से देखरह सके। रोहित ने इस मौके का फायदा उठाया और अपने अंदर के संघर्ष-सामर्थ्य का इस्तेमाल करके एक नया तरीका खोज निकाला।

इसके लिए रोहित ने अपनी आंखों केअंधकार को पार करने के लिए एक विद्यार्थी द्वारा बनाई गई खास ब्रेल लिप्त सीखी और फिर इस विषय पर लिखी ही स्क्रिप्ट का अध्ययन किया, जिससे उसने वृक्षों की देखभाल करना आरम्भ कर दिया।

उसने एक विशेष चश्मा बनवाया, जो उसे अंधापन की समस्या को हल करने में मदद करता था। इस चश्मे की मदद से रोहित वृक्षों को ठीक से देख सकता था और वे उन्हें सही तरीके से स्थानांतरित कर सकता था। इस तरह, रोहित ने अपनी समस्या को हल करने के लिए नया तरीका खोज निकाला और अपने सपने को पूरा करने का मार्ग खोल दिया। उसने वृक्षों के साथ साथ अपने गाँव के लोगों के दिलों में भी एक नयी आशा जगाई और उन्हें प्रेरित किया।

यह उदाहरण दिखाता है कि संघर्ष-सामर्थ्य का उपयोग करके हम अपनी समस्याओं को कैसे हल कर सकते हैं। जब हम अपने अंदर के संघर्ष-सामर्थ्य का इस्तेमाल करते हैं, तो हम अपनी सीमाओं को पार करने के लिए नए-नए तरीके खोजने में सक्षम होते हैं। हम अपनी सोच को परिवर्तित कर अपने लक्ष्यों की ओर बढ़ सकते हैं और अपार संभावनाओं को खोल सकते हैं। संघर्ष-सामर्थ्य हमें उस इच्छाशक्ति को देता है जो हमें अपने लक्ष्यों की ओर आगे बढ़ने के लिए प्रेरित करती है।

सकारात्मक प्रभाव

इस श्रेणी में मनोबल की शक्ति के सकारात्मक प्रभाव पर ध्यान केंद्रित किया जा रहा है, जैसे कि सफलता, संतुलन और स्वास्थ्य।

मनोबल की शक्ति व्यक्ति के मन की ऊर्जा होती है जो उसके जीवन में उसे सक्रिय और सफल बनाने में उसकी सहायता करती है। यह ऊर्जा उसके आत्मविश्वास, स्वाभिमान और सामर्थ्य को बढ़ाती है और उसे अपने लक्ष्यों की प्राप्ति के लिए प्रेरित करती है।

मनोबल की शक्ति का सकारात्मक प्रभाव व्यक्ति के जीवन के हर क्षेत्र में दिखाई देता है। सर्वप्रथम और सबसे महत्वपूर्ण बात तो यह है कि मनोबल की शक्ति व्यक्ति को उसके स्वप्नों और लक्ष्यों की ओर आगे बढ़ने के लिए प्रेरणा देने का कार्य भी करती है।

यह उसे अपने लक्ष्यों की प्राप्ति के लिए समर्पित होने की ऊर्जा प्रदान करती है और उसे अपने सपनों को साकार करने के लिए प्रेरित करती है। जब व्यक्ति मनोबल की शक्ति के साथ अपने लक्ष्यों की ओर प्रगति करता है, तो उसे दूसरों का सामर्थ्य प्राप्त होता है और उसे अपने जीवन के नए और उच्चतम स्तरों को छूने का अवसर भी प्राप्त होता है।

मनोबल की शक्ति व्यक्ति को स्वाभिमान और आत्मविश्वास की भावना प्रदान करती है। जब व्यक्ति मनोबल की शक्ति के साथ अपने कार्यों में सफलता प्राप्त करता है, तो उसे अपने आप पर गर्व महसूस होने लगता है और उसे अपने कार्यों के लिए स्वाभिमान महसूस होता है। यह उसे अपनी क्षमताओं और कार्यों पर आत्मविश्वास करने की क्षमता प्रदान करती है और

इससे उसे अपने आप के लिए भी गर्व का एहसास महसूस कराती है।

मनोबल की शक्ति व्यक्ति को कठिनाइयों के सामने सामर्थ्य और साहस की भावना प्रदान करती है। जब व्यक्ति मनोबल की शक्ति के साथ अपने जीवन की चुनौतियों का सामना करता है, तो उसे अपने आप में एक नई शक्ति और साहस की खोज होती है। यह उसे उसके अपने भीतर के अघटन और अविचलित स्वरूप को खोजने की क्षमता प्रदान करती है और उसे अपने जीवन के विभिन्न पहलुओं के साथ सामर्थ्य पूर्ण तरीके से निपटने की क्षमता प्रदान करती है। सकारात्मक मनोबल की शक्ति व्यक्ति को अपने जीवन के हर क्षेत्र में सफलता और सुख प्रदान करती है।

मनोबल की शक्ति उसे अपने जीवन के विभिन्न पहलुओं में सक्रिय और सफल बनाती है और उसे अपने जीवन के अनुभवों को पूर्णता के साथ जीने की क्षमता प्रदान करती है। जब व्यक्ति मनोबल की शक्ति के साथ अपने जीवन के हर क्षेत्र में सक्रिय और सफल होता है, तो उसे अपने जीवन के विभिन्न पहलुओं में प्रसन्नता और संतुष्टि की प्राप्ति होती है।

मनोबल की शक्ति व्यक्ति को उसके स्वप्नों और लक्ष्यों की ओर प्रेरित करती है, उसे स्वाभिमान और आत्मविश्वास प्रदान करती है, उसे कठिनाइयों के सामने सामर्थ्य और साहस की भावना प्रदान करती है और उसे अपने जीवन के चरित्र में सफलता और सुख प्रदान करती है। मनोबल की शक्ति व्यक्ति को उसके जीवन के हर जीवन के हर पहलू में सफलता के लिए आवश्यक मानी जाती है, चाहे वह व्यावसायिक जीवन हो या नैतिक मूल्यों पर आधारित जीवन। यह शक्ति व्यक्ति को अड़चनों से निपटने की क्षमता प्रदान करती है और उसे प्रगति के मार्ग पर आगे बढ़ने में उसकी सहायता करती है।

इसी तरह, मनोबल की शक्ति व्यक्ति को आत्मसमर्पण और कार्य के प्रति निष्ठा और सार्थकता की भावना प्रदान करती है। यह उसे अपने लक्ष्यों की

प्राप्ति के लिए परिश्रम करने की प्रेरणा देती है और उसे प्रतिबद्धता के साथ अपने कार्यों में समर्थन प्राप्त करने की क्षमता प्रदान करती है। इस प्रकार, मनोबल की शक्ति व्यक्ति को अपने जीवन के हर पहलू में सफलता, सुख और समृद्धि प्राप्त करने में सहायता करती है।

इसलिए, हमें सदैव सकारात्मक मनोबल के साथ अपने जीवन को जीना चाहिए और उसे बढ़ावा देना चाहिए। मनोबल की शक्ति हमारे जीवन को सकारात्मक और सफल बनाने में पर्याप्त सहायता करती है और हमें हमारे लक्ष्यों की प्राप्ति में सहायता प्रदान करती है। इसलिए, हमें सदैव इस शक्ति का सहारा लेकर अपने जीवन को आगे बढ़ाना चाहिए।

इसी विषय से सम्बन्धित एक छोटा सा उदाहरण है कि एक बार एक गांव में एक युवा लड़का रहता था। उसका नाम रामू था। रामू बहुत ही कमजोर मनोबल को धारण करता था और हमेशा हतोत्साहित ही रहता था। उसे अपनी कमजोरियों से सामना करने की क्षमता की कोई भी उम्मीद नहीं थी।

एक दिन, रामू एक बुजुर्ग आदमी से मिला, जिसका नाम गुरुजी था। गुरुजी रामू की कमजोरी को देखकर उसे उत्साहित करने का प्रयास करने लगे। उन्होंने रामू के उत्साहवर्धन के लिए उसे एक कहानी सुनाई, जिसमें एक छोटा सा बीज था, जो धरती पर बिना पानी के बड़ा वृक्ष बन गया।

गुरुजी ने कहा, "रामू, इस कहानी से यह समझो कि जैसे वह एक छोटा सा बीज विश्वास और इतनी कठोरता के साथ धरती में अपनी जड़ें डालता है, वैसे ही तुम भी अपनी कमजोरियों का सामना कर सकते हो और सफलता की ऊंचाई को छू सकते हो।"

रामू उत्सुकता से सुन रहा था। उसने गुरुजी से पूछा, "लेकिन कैसे, गुरुजी? मुझमें वह सामर्थ्य कहां है?"

गुरुजी मुस्कुराते हुए बोले, "रामू, सब से पहले तुम्हें स्वयं पर विश्वास

करना होगा। सर्वप्रथम तुम अपने मन में सकारात्मक विचारों को पोषित करो और अपनी कमजोरियों को एक अवसर के रूप में परिवर्तित करने की कोशिश करो। धीरे-धीरे, तुम स्वयं को अच्छी तरह से प्रशिक्षित करने में सफल हो कर और मनोबल की शक्ति को प्राप्त कर लोगे।"

रामू ने गुरुजी के वचनों पर विश्वास किया और धीरे धीरे अपनी सोच में परिवर्तन किया। उसने नियमित रूप से सकारात्मक अवधारणाओं पर विश्वास किया और अपनी कमजोरियों को परिवर्तित करने का प्रयास किया। उसने परिश्रम करके अपनी क्षमताओं को सुधारने और समृद्ध करने के लिए संकल्प और संघर्ष किया। उस ने नई चीजों को सीखना शुरु किया, अपनी क्षमताओं को विकसित किया और अपने लक्ष्यों के प्रति संकल्पबद्ध रहा। वह कठिनाइयों का सामना करने के बावजूद निरंतर प्रयास करता रहा और आगे बढ़ता रहा।

समय बीतता गया और रामू के परिश्रम और संघर्ष ने उसे स्थायी सफलता दिलाई। उसने नए क्षेत्रों में नया कौशल सीखा और उन्हें अपने लाभ के लिए इसका उपयोग किया। कालान्तर में उसने एक उच्च पद की प्राप्ति की और लोगों के मध्य अपनी प्रभावशाली पहचान बनाई। रामू ने अपनी सफलता के लिए अपने परिश्रम, समर्पण और विश्वास को महत्व दिया।

गुरुजी ने रामू की सफलता को देखकर प्रसन्नता महसूस की। उन्होंने कहा, "रामू, तुमने वास्तव में बड़ा साहस और सामर्थ्य दिखाया है। तुमने विश्वास को अपना मित्र बनाया और अपने अपने सपनों को हकीकत में बदल दिया। यह हमारे लिए एक श्रेष्ठ उदाहरण है कि हमारी सोच और संकल्प से हम कितना कुछ कर सकते हैं।"

रामू ने इसके लिए धन्यवाद कहा और गुरुजी का आभार व्यक्त किया। उसने अपने जीवन में नईऊर्जा, विश्वास और संकल्प लाने का निर्णय लिया।

उसने अपने लक्ष्यों की प्राप्ति के लिए अथक प्रयास करना जारी रखा और अपनी सफलता की राह पर निरंतर अग्रसर होता रहा।

यह कहानी हमें दिखाती है कि सकारात्मक मनोबल की शक्ति किसी भी व्यक्ति को उच्चतम ऊंचाइयों तक ले जा सकती है। जब हम अपने आप में विश्वास करते हैं और अपनी कमजोरियों को परिवर्तित करने के लिए प्रयास करने लगते हैं, तो हम अपनी सामर्थ्य को जागृत कर सकते हैं और अपने लक्ष्यों की प्राप्ति कर सकते हैं।

इस बात को भली भांति से समझने के लिए एक छोटा सा वृतांत ओर भी है, एक बार एक लड़की ने अपने जीवन में अपेक्षित परिवर्तन लाने का निश्चय किया। वह अपनी इच्छानुसार अपने जीवन का एक नया अध्याय आरम्भ करना चाहती थी। वह अपने मन की बात सुनते हुए एक नई शुरुआत करना चाहती थी। वह जानती थी कि इसके लिए उसे अपने मन को शक्तिशाली बनाने की आवश्यकता होगी। उसने अपने मन को शक्तिशाली बनाने के लिए अनेक प्रकार के कार्य किये। उसने योग किया, मेडिटेशन किया, अपने मित्रों से बातें की और अपने मस्तिष्क को शांत करने के लिए अपने शहर के बाहर जाकर भ्रमण भी किया। इन सभी उपायों से उसका मन शांत हो गया और उसे एक नई ऊर्जा मिली। इससे उसे अपने जीवन में एक नई दिशा मिल गई। उसने अपने जीवन के लक्ष्य को फिर से तय किया और उसके लिए फिर से काम करना आरम्भ कर दिया। उसके अपने मन को शक्तिशाली बनाने के पश्चात उसके जीवन में बहुत सारे सकारात्मक परिवर्तन हुए। उसने एक नई नौकरी पाई, उसके साथी परिवर्तित हो गए और उसके जीवन में नई खुशियों का समावेश हो गया। उसने अपने मन को शक्तिशाली बनाने के पश्चात अपने जीवन में नकारात्मकता का कोई स्थान ही नहीं रहने दिया।

इस प्रकार से उसने अपने जीवन को एक नई दिशा दी और उसे अपने

लक्ष्य की तरफ ले जाने के लिए तैयार हो गई। इस वृत्तांत से हमें यह भी सीखने को मिलता है कि मन की शक्ति कितनी सामर्थ्य पूर्ण एवं शक्तिशाली होती है। जब हम अपने मन को शक्तिशाली बनाते हैं, तो हम अपने जीवन में सकारात्मक परिवर्तन लाने में भी सक्षम होते हैं। हमें अपने मन को शक्तिशाली बनाने के लिए निरंतर प्रयास करते रहना चाहिए।

रोचक उदाहरण

मनोबल की शक्ति का उपयोग करके प्रस्तुत किये गए कुछ धाराप्रवाह उदाहरणों के विषय में यदि बताया जाए जो पाठकों को विषय वस्तु को और भी अधिक गहराई से समझने में सहायता मिलेगी।

मनोबल की शक्ति मनुष्य के जीवन में उसके लिए एक प्रकार की सफलता की कुंजी की भांति है। मनुष्य का मन एक अद्भुत शक्ति का आधार है, जिसे हम 'मनोबल' या मनोबल की शक्ति कहते हैं। यह विचार, भावनाएं आत्मविश्वास का एक प्रकार का संगम है, जो हमें जीवन के हर क्षण में सफलता की दिशा में आगे बढ़ने में सहायता करता है और उसके लिए प्रेरित करता है। मनोबल की शक्ति ही वह आग है जो हमें आत्मनिर्भर बनाती है और हमें हर प्रकार की चुनौतियों का सामना करने की क्षमता प्रदान करती है।

मनोबल का मनुष्य के जीवन में बहुत महत्व है। मनोबल व्यक्ति के जीवन को सकारात्मक रूप में परिभाषित करता है और उसे आत्म विकास, स्वास्थ्य, और सफलता की ओर प्रेरित करता है। इसकी शक्ति ही हमें संघर्षों के मैदान में खड़ा होने और उनका सामना करने की क्षमता प्रदान करती है और हमें अपने लक्ष्यों की प्राप्ति की दिशा में सहायता करती है।

मनोबल की शक्ति मनुष्य के जीवन में उसके लिए एक ऐसी शक्ति है, जिससे उसे सर्वप्रथम आत्मविश्वास और सकारात्मकता की प्राप्ति होती है। इस शक्ति से सबसे पहले मनुष्य में उसके भीतर आत्मविश्वास का निर्माण होता है। जब व्यक्ति अपनी आत्मा में आत्मविश्वास की अनुभूति करता है, तो उसे जीवन में अपने हर कार्य में सफलता मिलती है। सकारात्मक सोच और

आत्मविश्वास ही हमें अडिग और परिस्थितियों के प्रति समर्थ बनाते हैं।

मनोबल की शक्ति हमें जीवन में चुनौतियों का सामना करने की क्षमता प्रदान करती है। जीवन में हमें कई बार हमारे सम्मुख कई प्रकार की कठिनाइयां और समस्याएं आती हैं, किन्तु एक शक्तिशाली मनोबल वाला व्यक्ति सदैव ही जीवन में हर प्रकार की चुनौतियों का सामना कर उन्हें पार करने के लिए तत्पर रहता है और उनका यथास्थिति सामना करता है।

मनोबल की शक्ति से जीवन में हमें अपने लक्ष्यों की प्राप्ति के लिए सकारात्मक ऊर्जा एवं प्रेरणा की प्राप्ति होती है। यह हमें आगे बढ़ने के लिए उत्साहित करती है और हमें अपने कार्यों में सफलता प्राप्त करने के लिए सदैव ही आगे बढ़ने के लिए प्रेरित करती है।

मनोबल की शक्ति से पूर्ण व्यक्ति का जीवन सदैव ही सुख-शांति से भरपूर रहता है। इससे हमें अंततः एक सुखी और शांतिपूर्ण जीवन जीने की क्षमता प्राप्त होती है। यह हमें सतत प्रगति की दिशा में आगे बढ़ने के लिए प्रेरित करती है और हमें अपने लक्ष्यों की प्राप्ति में सहायता करती है।

मनोबल की शक्ति से मनुष्य में समर्थन और सहयोग की भावना बढ़ती है। इस से व्यक्ति अपने आस पास के लोगों के साथ संबंध दृढ़ बना सकता है और सामाजिक समर्थन और सहयोग प्राप्त कर सकता है। यह उसे आत्मनिर्भरता की ओर बढ़ने के लिए सहायता करता है और जीवन की कठिन स्थितियों में भी उसको सहयोग प्रदान कर आगे बढ़ने के लिए शक्ति एवं उत्साह प्रदान करता है।

मनोबल की शक्ति के दृढ़ होने से मनुष्य के स्वास्थ्य की भी सर्वोत्तम देखभाल हो सकती है। इससे मनुष्य अपने स्वास्थ्य का सही प्रकार से ध्यान रख सकता है। सकारात्मक मानसिकता से निर्मित एक स्वस्थ मन व्यक्ति को शारीरिक स्वास्थ्य की दिशा में उचित दिशानिर्देश एवं सहारा प्रदान करता है, जिससे उसका जीवन सुखमय, समर्थ और शक्तिशाली बनता है।

मनोबल की शक्ति से मनुष्य को नए नए अवसर भी उपलब्ध होते हैं। मनोबल की शक्ति से व्यक्ति नए अवसरों का सामना करने और उनके लाभ लेने के लिए तैयार रहता है। इससे ही आत्म-निर्धारण और सहजता से नए क्षेत्रों में कदम से कदम मिलाकर आगे बढ़ने का साहस मिलता है।

मनोबल की शक्ति से मनुष्य को साहस की प्राप्ति भी होती है। मनोबल की शक्ति से व्यक्ति कठिन से कठिन परिस्थितियों में भी अपना साहस और समर्पण भाव दिखा सकता है। यह उसे परिस्थितियों को अपने हित में परिवर्तन के लिए एक दृढ़ निर्णय ले पाने में सहायता करता है और उसे अपने लक्ष्यों की प्राप्ति के लिए समर्पित बनाए रखता है।

इस प्रकार, मनोबल की शक्ति हमें अपने जीवन को सकारात्मकता, समर्थन और सहयोग से भर देने का अद्वितीय और प्रभावी उपाय प्रदान करती है। यह मनुष्य में एक आधारभूत गुण होता है है जो हमें आत्मनिर्भर और सफल बनाता है और जीवन की हर कठिनाई का सामना करने में हमारी सहायता करता है। मनोबल की शक्ति को सही तरीके से उपयोग करके हम अपने लक्ष्यों की प्राप्ति में सफलता की कुंजी प्राप्त कर सकते हैं।

जहां विषय से संबंधित हेलेन केलर की एक आदर्श और प्रेरणादायक कहानी का उदाहरण दिया जा रहा है, जिसमें मनोबल की शक्ति का अद्वितीय प्रदर्शन है।

हेलेन केलर ने अपने जीवन में अनेक चुनौतियों का सामना किया। वह एक अद्भुत और प्रेरणादायक महिला थी, जिसने घृणा, असमानता और अस्वाभाविक स्थितियों का सामना करते हुए दुनिया को यह सिखाया कि मनोबल की शक्ति से हर कठिनाई को पार किया जा सकता है।

हेलेन बचपन में ही एक बीमारी के कारण अंधी, बहरी और बधिर हो गई थी, जिससे उसका किसी भी व्यक्ति या स्थान से सहारा लेना कठिन था। किन्तु उसने इसे अपनी जीवनशैली का भाग बना लिया और एक उदाहरण

स्थापित किया कि किसी भी स्थिति में आत्मनिर्भर रहा जा सकता है।

हेलेन केलर की शिक्षा में एक विशेष भूमिका उनकी गुरु, आन सुलीवन ने निभाई। आन सुलीवन ने हेलेन को बहरे और अंधे लोगों की भाषा सीखने में उसकी बहुत सहायता की और उसे विभिन्न विषयों में शिक्षा प्रदान की। इससे हेलेन को समाज में सम्मान और प्रतिष्ठता मिली जिससे उसने एक अच्छे लेखक और सामाजिक कार्यकर्ता के रूप में अपना प्रभाव छोड़ा।

हेलेन केलर की यह कहानी हमें सिखाती है कि जीवन में आने वाली किसी भी चुनौती को आत्मसमर्थन, संघर्ष और सकारात्मकता के साथ पार किया जा सकता है। उन्होंने अपने मन को जीवन में कभी भी हार नहीं मानने की शक्ति दिखाई और इससे उसने दुनिया को यह दिखा दिया कि किसी भी अवस्था में मनुष्य को अपने आप में आत्मविश्वास रखना उसे अद्वितीयता और सफलता की ऊंचाइयों तक पहुंच सकता है।

एडम हॉर्न इस विषय में एक अन्य प्रभावपूर्ण उदाहरण है। एडम हॉर्न, न्यूजीलैंड का एक शेर्पा गाइड था। उस ने अपने जीवन में एक बड़ी चुनौती का सामना किया और दुनिया की सर्वोच्च पर्वत एवरेस्ट को जीता।

एडम हॉर्न का अपने बचपन से ही एक सपना था कि उसे एवरेस्ट की चोटी पर चढ़ना है, किन्तु जब तक वह इस क्षेत्र में काम करता रहा, तब तक उसे कभी ऐसा अवसर नहीं मिला। इसके लिए उसने एक समृद्ध संगठन को विकसित करने और इसके पश्चात अपने सपने को पूरा करने का निर्णय लिया। उसने निश्चित कर लिया कि एक दिन वह अवश्य ही अपने इस सपने को पूरा करेगा और एवरेस्ट की ऊंचाई पर जाएगा।

इस क्रम में, उसने अपने मन को संजीवनी बूटी के रूप में अपने मनोबल को बढ़ाने के लिए एक अनूठी योजना का प्रयोग किया, जिसे 'टुलु तकनीक' भी कहा जाता है। इस तकनीक के अनुसार, उसने समय-समय पर अपने आत्म – मनोबल की जांच की और उसे बढ़ाने के लिए विभिन्न उपायों और

मार्गदर्शक योजनाओं का प्रयोग किया।

एडम हॉर्न के संघर्ष से यह प्रमाणित हुआ कि मनोबल की शक्ति उसे उन ऊँचाइयों तक पहुँचने में सहायता कर सकती है जो पहले असंभावित लगती थीं। एडम हॉर्न ने अपने परिश्रम, समर्पण और अद्भुत साहस के माध्यम से यह प्रमाणित किया कि कोई भी व्यक्ति सच्ची इच्छाशक्ति और परिश्रम के साथ किसी भी लक्ष्य को प्राप्त कर सकने में सफल हो सकता है। उन्होंने अपने आत्म-मनोबल की शक्ति के साथ एवरेस्ट पर सफलतापूर्वक चढ़ाई की और दुनिया भर को यह दिखा दिया कि जीवन में उच्च स्तर की सफलता प्राप्त करने के लिए हमें अपने आत्मसमर्थन को बढ़ाने के लिए कठिनाइयों का भी सामना करना पड़ता है।

आत्मविश्वास, दृढ़ इच्छाशक्ति और सहानुभूति के साथ, हम जीवन में किसी भी परिस्थिति का सामना कर सकते हैं और उसे पार कर सकते हैं। उनकी उदाहरण पूर्ण प्रेरणा से हमें यह देखने को मिलता है कि परिस्थियाँ चाहे जैसी भी हों, यदि हमारा मन और मनोबल सही दिशा में हैं, तो हम किसी भी प्रकार की चुनौती का सामना कर सकते हैं और जीवन में अपेक्षित ऊंचाइयों को छू सकते हैं।

इसी प्रकार एक छोटे से गाँव में रहने वाला राजू बहुत ही आत्मविश्वासहीन युवक था। उसे समुद्र के जीवन में बहुत रुचि थी, किन्तु उसका डर उसे समुद्र के पार जाने से रोक रहा था।

एक दिन, गाँव में एक प्रसिद्ध समुद्र शास्त्री आया और उसने लोगों को समुद्र की अद्भुतता के विषय में अपने अनुभव की बहुत सारी बातें बताईं।

राजू को यह सब सुनकर बहुत रोचक लगा और उसे एक अनूठे ही रोमांच की अनुभूति हुई, किन्तु उसका डर अब भी उसके दिल में छिपा हुआ था और उसे आगे बढ़ने के लिए रोक रहा था।

समुद्रशास्त्री को जब इस बात का पता चला तो उसने राजू से मिलकर

उसे समझाया और कहा, "तुम इस समुद्र की साहसिक दुनिया को देखना चाहते हो तो तुम्हें आगे कदम बढ़ाना ही होगा। इसके लिए तुम्हें आगे आना ही होगा, पर इसके लिए तुम्हारे सामने एक बहुत बड़ी बाधा यह है कि तुम्हारा डर तुम्हारे मनोबल को शिथिल कर रहा है। तुम्हें अपने डर से बाहर निकलना होगा।"

राजू ने समुद्र शास्त्री की बातों को बहुत ध्यान से सुना, समझा और इससे अपने भीतर नव स्फूर्ति और शक्ति का अनुभव किया। तब उसने डाइविंग का कोर्स लेने का निर्णय किया। आरम्भ में उसका डर उसे हर कदम पर रोक रहा था, किन्तु उसने अपने मन को सामर्थ्य पूर्ण बनाया और साहसपूर्वक सभी कठिनाइयों का सामना किया।

धीरे-धीरे, राजू ने सीखा कि समुद्र में भी उसके जीवन की सुंदरता है। उसने नए नए प्रज्ञात्मक अनुभवों को अपनाया और समुद्र के रहस्यों को समझना आरम्भ किया। उसका मनोबल समुद्री जीवन के साथ मेल खाता गया और एक प्रकार से उसने अपनी आत्मा को नीले समुद्री सौन्दर्य में खो दिया।

इस कहानी से हमें यह सीखने को मिलता है कि मनोबल की शक्ति हमें नए अनुभवों को समझने और सीखने में हमारी सहायता कर सकती है और इसके उपरांत डर को पार करने से हम अपने संघर्ष में सफलता प्राप्त कर सकते हैं।

मनोहर संकेतक

यह श्रेणी पाठकों के लिए मनोबल की शक्ति को बढ़ाने वाले मनोहर संकेतक, उद्धरण या कथाएं प्रदान करता है।

मनुष्य का मन एक अद्भुत संगीत है, जिसे सही संकेतों से सुंदर बनाया जा सकता है। 'मनोहर संकेतक' एक ऐसा अनुभव है जो पाठकों के लिए मनोबल की शक्ति को बढ़ाने का एक कारगर स्रोत हो सकता है। यहां हम इस अनुभव के माध्यम से दिए जाने वाले कुछ मनोहर संकेतों पर विस्तार से चर्चा करेंगे जो पाठकों को प्रेरित करके उनके मनोबल को बढ़ा सकते हैं।

अपने जीवन में मनोहर संकेत एक उत्कृष्ट उदाहरण है प्रकृति के साथ गहन संबंध का। एक सुनसान गाँव में खड़ा या कहीं दूर वीराने में खड़े होकर खुली हवा को महसूस करना, पेड़-पौधों की रूपरेखा को देखना, ये सभी प्रकृति के मनोहर संकेत हैं, जो हमें आत्मा की शांति की ओर बढ़ाते हैं। इससे हमारा मन सकारात्मकता की दिशा में बढ़ता है और इससे हमारे मनोबल में सुधार होता है।

शायरी, कविता और कहानियों के माध्यम से दिए जाने वाले सुंदर शब्दों का संयोजन हमें एक नए दृष्टिकोण की ओर बढ़ने में हमारी सहायता कर सकता है। ये संकेत भी हमें अपनी स्थिति को सही तरीके से समझने और इसे स्वीकार करने में हमारी सहायता करते हैं, जिससे हमारे मनोबल में पर्याप्त सुधार होता है। यह इस विषय का एक साहित्यिक उदाहरण है।

अच्छे और सकारात्मक उदाहरणों का चयन करना हमारे मनोबल को बढ़ा सकता है। एक सफल व्यक्ति की कहानी अथवा उसकी जीवन में संघर्षों के

उपरांत सफलता की कहानी भी हमें प्रेरित कर सकती है और हमें यह विश्वास दिला सकती है कि हम भी प्रयास करके अपने लक्ष्यों को प्राप्त कर सकते हैं।

इसके साथ ही आत्मसमर्पण की कथाएं हमें यह सिखा सकती हैं कि किसी भी क्षेत्र में सफलता प्राप्त करने के लिए आत्म-समर्पण और संघर्ष अत्यंत महत्वपूर्ण हैं। ये कथाएं हमें जीवन में हार नहीं मानने का संदेश देती हैं और मनोबल को बढ़ाने में हमारी सहायता करती हैं।

अन्त में बात आती है कला और साहित्य की। कला और साहित्य का भी हमारे मनोबल की बढ़ोतरी में विशेष योगदान है। शिल्प कला, संगीत, नृत्य और साहित्य का आपस में सही संबंध मनोबल में सकारात्मक परिवर्तन ला सकता है। इन कलाओं के माध्यम से हम अपनी भावनाओं को व्यक्त कर सकते हैं और अपनी आत्मा को साकार रूप से समझ सकते हैं। संगीत की मधुर धुनें, रंग-बिरंगी चित्रकला, गतिविधियों की आड़ में नृत्य, ये सभी माध्यम हमें आत्मा के साथ मेलजोल और सुख-शांति की अनुभूति करने का अवसर प्रदान करते हैं।

मनोहर संकेतक एक ऐसा रूपांतरणकारी माध्यम है जो हमें सही संकेतों के माध्यम से सौन्दर्य की ओर आगे बढ़ने के लिए प्रेरित करता है। यह श्रेणी हमें एक सकारात्मक दृष्टिकोण प्रदान करता है, जिससे हम अपने लक्ष्यों की प्राप्ति में सफलता प्राप्त कर सकते हैं। मनोबल की शक्ति को बढ़ाने के लिए हमें इस श्रेणी के संदेशों को ध्यान से सुनना और समझना चाहिए, ताकि हम अपने जीवन को सकारात्मकता और संतुलन के साथ जी सकें।

एक दिन, बहुत समय पहले की बात है, एक छोटे से गाँव में एक छोटा सा बच्चा रहता था। उसका नाम था 'सोनू'। सोनू गांव का सबसे प्यारा और बुद्धिमान बच्चा था। वह सदैव नई चुनौतियों को स्वीकार करने के लिए तैयार रहता था।

एक दिन, सोनू को एक रंगीन चिट्ठी मिली जिसमें लिखा था ,"जीवन को

रंगीन बनाओ, हर क्षण को एक नए अवसर के रूप में देखो ।"

सोनू ने इस चिट्ठी को देखकर बड़े उत्साह से नये सपनों और लक्ष्यों की ओर बढ़ने का निश्चय किया।

पहले, सोनू ने गाँव के सभी बच्चों को एक साथ लेकर एक रंग-बिरंगा उत्सव आयोजित किया। जिसमें उसने सभी को यह सिखाया कि जीवन को सदैव एक उत्सव की तरह मनाना चाहिए और इसके लिए हमें अपनी विशेषताओं को स्वीकार करना चाहिए।

एक दिन, गाँव में एक बहुत बड़ा मेला लगा हुआ था। जिसमें एक रंगीन विक्रेता भी आया था, जो मेले में अपनी चिट्ठियों को बेच रहा था। सोनू ने उससे मिलकर उसे अपनी कहानी सुनाई और उसे अपनी रंगीन चिट्ठी भी दिखाई।

रंगीन विक्रेता ने हंसते हुए सोनू से कहा, "तुम्हारी चिट्ठी बहुत विशेष है! यह तुम्हारे और तुम्हारे जीवन के रंग को दर्शाती है।" सोनू ने इस संवाद से यह समझा कि वह अपनी अद्वितीयता को स्वीकार करने में सफल रहा है।

इसके पश्चात, सोनू ने गाँव में रंगीन और आत्म-समर्पण से भरा एक नया संगठन बनाया जो निर्धन बच्चों को शिक्षा और साहस के माध्यम से सुनहरे भविष्य की ओर ले जाता था। सोनू के अथक परिश्रम और सकारात्मक दृष्टिकोण ने गाँव को एक नए स्तर पर पहुंचा दिया।

संक्षेप में मनोबल की शक्ति

इस श्रेणी में परिपूर्ण पुस्तक के मुख्य बिंदुओं को संक्षेप में दर्शाया जा रहा है, ताकि पाठकों को संक्षेप में शक्ति की महत्वपूर्ण जानकारी मिल सके।

आत्मविश्वास और मनोबल व्यक्ति की अपनी प्रगति होती हैं, जो उनके जीवन की चुनौती पूर्ण समस्याओं का सामना करने में उसे सक्षम बनाती हैं। मनोबल की शक्ति एक व्यक्ति को उसके लक्ष्य की प्राप्ति में सहारा प्रदान करती है और उसे सफलता की ऊंचाइयों तक पहुँचने में सहायता करती है।

आत्मविश्वास व्यक्ति को अपनी क्षमताओं और संभावनाओं का सही मूल्यांकन करने में सहायता करता है। यह उसे अपने आत्म–संवाद को सकारात्मक रूप में देखने में सहारा प्रदान करता है और अन्यों की रायों को महत्वपूर्ण तौर पर मानने में सहायता प्रदान करता है। जब व्यक्ति अपने आत्मविश्वास में सुधार करता है, तो उसका मनोबल का स्तर स्वतः ही उच्च स्तर का होता चला जाता है।

एक उदाहरण के रूप में, चंद्रयान–2 मिशन भारतीय अंतरिक्ष अनुसंधान संगठन (ISRO) का एक महत्वपूर्ण प्रयास था, जिसने दुनिया भर को दिखाया कि भारत भी अंतरिक्ष में महान कार्य को पूरा कर सकने में सक्षम है।

मनोबल की शक्ति एक व्यक्ति के मन की ऊर्जा होती है जो उसके जीवन में सकारात्मक और सफल बनाने में उसकी सहायता करती है। यह शक्ति उसकी सोच, भावनाएं और क्रिया प्रभावित करती है। इसका सीधा प्रभाव उसके व्यक्तित्व, कार्यक्षमता और समर्पण पर पड़ता है। यहां कुछ उदाहरण हैं,

जो इस बात को समझने में हमारी सहायता कर सकते हैं 1

1.एक छात्र जो अपनी परीक्षा में सफल होना चाहता है, अपने मन को सकारात्मक रखने के लिए दैनिक ध्यान का अभ्यास करता है। वह नियमित रूप से मेडिटेशन करता है और सकारात्मक विचारों को अपने मन में बनाए रखने का प्रयास करता है। इससे उनका मनोबल बढ़ता है और उसे परीक्षा में अच्छे अंक प्राप्त करने में सहायता मिलती है।

2.एक खिलाड़ी जो क्रिकेट में अच्छा प्रदर्शन करना चाहता है, अपने मन को सकारात्मक रखने के लिए मानसिक तनाव प्रबंधन की तकनीकों का उपयोग करता है। वह ध्यान और ध्यान अवस्था में प्रशिक्षण करता है, जो उसे अपने मन को शांत और स्थिर रखने में सहायता करता है। इससे उसका मनोबल बढ़ता है और उसे उसके श्रेष्ठ प्रदर्शन करने में सहायता मिलती है।

3.एक उद्यमी जो अपने व्यापार को सफल बनाना चाहता है, अपने मन को सकारात्मक रखने के लिए स्वाध्याय और स्वयं विकास के लिए समय निकालता है। वह सकारात्मक विचारों को अपने मन में बनाए रखने के लिए अभ्यास करता है और अपने लक्ष्यों की ओर प्रतिबद्ध रहता है। इससे उनका मनोबल बढ़ता है और उसे अपने व्यापार में सफलता प्राप्त करने में सहायता मिलती है।

मनोबल की शक्ति व्यक्ति को सकारात्मक और सफल बनाने में उसकी सहायता करती है। यह शक्ति उसके मन की स्थिरता, सकारात्मक विचारों और सक्रिय क्रियाओं के माध्यम से व्यक्त होती है।

ISRO के अध्यक्ष डॉ. के. शिवान ने अपने दृढ़ आत्मविश्वास और मनोबल के माध्यम से इस मिशन को संचालित किया। जब चंद्रयान-2 ने पहले प्रयास में सफलता प्राप्त नहीं की, तो तब डॉ. शिवान ने स्वयं को और अपनी टीम को और भी उत्साहित किया और उन्होंने सफलता की दिशा में पुनः कदम बढ़ाया।

डॉ. शिवान का आत्मविश्वास और मनोबल उन्हें इस कठिन कार्य में सफलता दिलाने में सहारा प्रदान करता रहा। उन्होंने दुनिया भर को यह बताया कि असफलता सिर्फ एक कदम पीछे ले जाती है और सफलता के लिए आत्मविश्वास में सुधार करना महत्वपूर्ण है।

सकारात्मकता व्यक्ति को अपने लक्ष्यों की प्राप्ति में सहायता करती है और उसे असफलता को सीधे सामना करने की क्षमता प्रदान करती है। जब व्यक्ति अपनी सकारात्मकता को बनाए रखता है, तो उसे चुनौतियों का सामना करने में अधिक सहजता होती है और उसका मनोबल भी बना रहता है।

पूर्वावलोकन

बेताल ने कहते हुए कुछ क्षण के लिए खामोशी की चद्दर ओढ ली। इसके पश्चात उसने फिर कहना आरम्भ किया, 'हे राजन ! मैंने 'मनोबल की शक्ति' के सम्बन्ध में जो भी कहा, वो सब व्यक्ति के मानसिक स्वास्थ्य और समस्याओं का सही आकलन करने और उनका सामना करने में उसकी पर्याप्त सहायता करता है। यह शक्ति उसके लिए आत्म-समर्थन और सफलता के मूल्य पर अद्वितीय प्रकाश डालती है और उसके मानसिक स्वास्थ्य और व्यक्तिगत विकास के लिए उसका स्पष्ट एवं उत्साहवर्द्धक मार्गदर्शन प्रदान करती है।

यह सब जानते हुए भी यदि तुम उसके विषय में संक्षिप्त रूप से मुझे नहीं बता पाओगे तो इसी क्षण तुम्हारे सर के टुकड़े टुकड़े होकर बिखर जाएंगे।

बेताल के इतना कहते ही विक्रमार्क ने कहना आरंभ किया, यघपि तुमने 'मनोबल की शक्ति' के विषय में विस्तारपूर्वक व्याख्या की है, फिर भी इस विषय में जो भी मेरी समझ में आया है, उसे मुझे संक्षेप में तुम्हें बताना ही होगा। इसलिए सुनो, "हालांकि, इस विषय पर पुस्तक में गंभीरतापूर्वक विस्तृत अध्ययन पूर्व में ही किया जा चुका है। किन्तु अंत में मुख्य बिंदुओं को एक बार फिर से स्मरण में कोई अतिशयोक्ति नहीं होगी।

सर्वप्रथम, इस विषय के अंतर्गत 'स्वयं-मूल्यांकन' पर ध्यान केंद्रित किया गया है कि कैसे एक व्यक्ति का स्वयं-मूल्यांकन उसके स्वभाव, क्षमताएं और सीमाएं निर्धारित करने में उसकी सहायता करता है। यह व्यक्ति को अपनी शक्तियों को समझने और इन्हें सुधारने का अवसर देता है।

मनोबल की शक्ति व्यक्ति को सदैव सकारात्मक मानसिक स्थिति में रखती है, जिससे वह जीवन की हर प्रकार की चुनौतियों का सामना करने में सक्षम होता है।

सकारात्मक मानसिकता से भरा हुआ मन व्यक्ति को समस्याओं का सही समाधान निकालने में उसकी पर्याप्त सहायता करता है। यह उसमें आत्म-निगरानी और सहानुभूति की भावना बनाए रखता है।

शक्ति का अभ्यास और शक्ति का साधार निरंतर इसके अभ्यास से होता है। नियमित अभ्यास से मनोबल की शक्ति में सुधार होता है और व्यक्ति अपने लक्ष्यों की प्राप्ति में सक्षम होता है।

इस विषय में मानसिक स्वास्थ्य की देखभाल करना अति महत्वपूर्ण है। ध्यान, योग और सकारात्मक विचारशीलता व्यक्ति के मानसिक स्वास्थ्य को सुधारने में और इसे सुनिश्चित करने में उसकी सहायता करते हैं।

सकारात्मक सम्बन्ध व्यक्ति को सहानुभूति, समर्थन और स्वास्थ्यपूर्ण संबंध बनाए रखने में उसकी सहायता करता है। यह मनोबल को बढ़ाता है और उच्चतम स्तर की सफलता की दिशा में उसकी सहायता करता है।

मनोबल की शक्ति को विकसित करने के लिए सकारात्मक मनोभाव रखना, लक्ष्य-निर्धारण करना और स्वतंत्रता से विचारशीलता को अपनाना अत्यंत आवश्यक है।

स्वतंत्र विचारशीलता व्यक्ति को नए और स्वतंत्र दृष्टिकोण प्रदान करती है, जिससे वह समस्याओं का समाधान निकाल सकता है।

संक्षेप में, मनोबल की शक्ति व्यक्ति को सकारात्मक दृष्टिकोण और उत्पन्न हुई परिस्थितियों का सामना करने के लिए उसे सम्पूर्ण सामर्थ्य प्रदान करती है।

सहानुभूति और आत्मसमर्पण मानवता के मूल्यों को बढ़ावा देने वाले दो महत्वपूर्ण तत्व हैं। यह व्यक्ति को दूसरों के साथ संबंध स्थापित करने,

समस्याओं का सामना करने और समृद्धि की दिशा में एकजुट होने में सहायता करते हैं।

समस्याओं का सामना करना जीवन का एक अभिन्न अंग है। यह व्यक्ति को सहानुभूति, सकारात्मक मानसिकता और समर्पण के साथ समस्याओं का सही समाधान निकालने में उसकी सहायता करता है।

सामाजिक संबंध व्यक्ति को समृद्धि, सुख और समर्थता की भावना देते हैं, जिससे उसका मनोबल बढ़ता है। आपसी सम्बन्धों में सहानुभूति और समर्पण से भरा हुआ मन व्यक्ति को सकारात्मक दिशा में आगे बढ़ने के लिए प्रेरित करता है।

व्यक्ति को अपने विचारों, भावनाओं और क्रियाओं पर नियंत्रण रखना अत्यंत महत्वपूर्ण है। स्वयं-नियंत्रण और आत्म-निगरानी व्यक्ति को स्थिरता और आत्म-समर्पण की भावना प्रदान करते हैं।

कल्पना शक्ति व्यक्ति को नई और सुरक्षित दिशाओं में सोचने की क्षमता प्रदान करती है। यह व्यक्ति को समस्याओं का नया समाधान निकालने और नए विचारों को अपनाने के लिए प्रेरित करती है।

व्यक्ति में शक्ति का साधार उस ऊर्जा से आता है जो व्यक्ति को अपने लक्ष्यों की प्राप्ति के लिए प्रेरित करता है। यह उसे संघर्ष के सामर्थ्य को बढ़ाने के लिए प्रेरित करता है।

एक व्यक्ति का स्पष्ट लक्ष्य निर्धारण करना उसे सही दिशा में चलने में उसकी सहायता करता है और उसका मनोबल बना रहता है।

मनोबल एक अद्वितीय शक्ति तो है ही इसके असीमित गुण भी हैं, जिन्हें समझने से उन से लाभान्वित भी हुआ जा सकता है।

मनोबल की महत्वपूर्ण गुणवत्ता में से एक है संघर्ष-सामर्थ्य, जो व्यक्ति को जीवन की चुनौतियों के साथ सामना करने में उसको साहसी बनाए रखती है। इससे उसमें स्थिरता और समर्पण की भावना बढ़ती है।

किसी भी व्यक्ति में उसकी अगली गुणवत्ता है सकारात्मक प्रभाव, जो व्यक्ति को चुनौतियों का सामना करने में अपने आत्म-समर्पण और सकारात्मक मानसिकता के माध्यम से सक्षम बनाता है। यह उसे आत्म-संवाद में सकारात्मक दृष्टिकोण बनाए रखने में उसकी सहायता करता है।

एक रोचक उदाहरण यहाँ सम्मिलित है, जो व्यक्ति को समझाता है कि मनोबल कैसे अद्वितीय रूप से किसी भी चुनौती का सामना करने के लिए आवश्यक है।

मनोबल की महत्वपूर्ण गुणवत्ताओं में से एक है उसे प्राप्त होने वाले मनोहर संकेतक, जो व्यक्ति को आत्म-समर्पण और सकारात्मकता की दिशा में प्रेरित करने में उसकी सहायता करते हैं। यह उसे उसके लक्ष्यों की दिशा में ले जाते हैं।

इसे समाप्त करते समय, हम देखते हैं कि मनोबल की महत्वपूर्ण गुणवत्ताएं व्यक्ति को सकारात्मक दृष्टिकोण, स्थिरता और साहस की दिशा में बढ़ने के लिए आवश्यक हैं। ये गुणवत्ताएं उसे समस्याओं का सामना करने में उसकी सहायक होती हैं और उसे अपने लक्ष्यों की प्राप्ति में सक्षम बनाती हैं।

इतना कहकर विक्रमादित्य चुप हो गए। उनके चुप होते ही बेताल ने फिर कहा, "राजन ! तुमने 'मनोबल की शक्ति' के विषय को भली भांति से आत्मसात कर लिया है और सही से इसकी व्याख्या भी की है। इसलिए अब मेरा मंतव्य पूरा हुआ और अब मैं जा रहा हूँ।" इतना कहकर शव सहित बेताल एक बार फिर से उड़ कर श्मशान में स्थित वृक्ष पर जाकर बैठ गया।

**** इति ****

लेखक की अन्य रचनाएँ

1.स्वप्न विश्लेषण (विश्लेषणात्मक)
2.सपनों की दुनिया (विश्लेषणात्मक)
3.सुहाने पल (काव्य संग्रह)
4.सफल जीवन (प्रेरणात्मक)
5.पल भर की छांव(अति रोचक उपन्यास)
6.अदृश्य लोक (विश्लेषणात्मक)
7.जीना इसी का नाम है (प्रेरणात्मक)
8.मैं साधु नहीं (विचारात्मक,आध्यात्मिक)
9.आप स्वयं को बदल सकते है (प्रेरणात्मक)
10.चांदनी (लघु उपन्यास)
11.आओ कुछ देर सोच लें (प्रेरणात्मक)
12.ऐसा होता तो नहीं(अति रोचक उपन्यास)
13.हवाओं का आंचल (सम्पादित, काव्य-संग्रह)1
14.मरने से पहले (प्रेरणात्मक)
15.रहस्यमय यात्रा (रोचक एवं रोमांचक उपन्यास)
16.रात अकेली है (अति रोचक उपन्यास)
17.ऐसा मेरे साथ ही क्यों होता है (प्रेरणात्मक)
18.दो कदम दूर थे (अति रोचक उपन्यास)
19.Dynamics of mind (Motivational)
20.Unleashing: Your Inner Greatness
21.Successful Life (Motivational)
22.Metaverse(Enlightening)
23.मनोबल की शक्ति (प्रेरणात्मक)
24.स्वर्ग का मार्ग (प्रेरणात्मक)
25.स्वप्न विज्ञान (विश्लेषणात्मक)
26.लक्ष्य कैसे प्राप्त करें (प्रेरणात्मक)

www.ingramcontent.com/pod-product-compliance
Lightning Source LLC
Chambersburg PA
CBHW021227130726
47988CB00002B/855